「究」 叢書・知を究める 20

映画はいつも「眺めのいい部屋」

政治学者のシネマ・エッセイ

村田晃嗣［著］

ミネルヴァ書房

はじめに

周知のように、本書の表題はジェームズ・アイヴォリー監督『眺めのいい部屋』（A Room with a View, 1986）に由来する。二〇世紀の初頭、イギリス上流階級の令嬢がイタリアの旅先で自由奔放な青年と恋に落ちる物語であり、イギリスのノスタルジックなヘリテージ映画の代表作の一つである。ヘレナ・ボナム＝カーターやダニエル・デイ＝ルイスら、その後大活躍する俳優陣が瑞々しい演技を披露している。原作はイギリスの小説家E・M・フォースターで、彼の作品は他にも多くが映画化されている。

ところが、このエッセイたるや、件の映画や原作の醸し出す旅情や伝統文化、恋愛とはほど遠い。読み返してみると、「眺めのいい」どころか甚だ視野狭窄である。それぞれのテーマに関連する多くの映画に言及できていないし、言及していてもしばしば舌足らずである。逆に、筆者の趣味に走って冗長なところも散見される。筆者の知的偏りを反映して、日本と米欧の作品が中心で、それ以外の地域の作品への言及は極端に少ない。また、映画とテーマとの関係についての分析が浅薄で一面的なことも多い。しかも、本書を統一するような明示的な視点にも欠けている。一冊にまとめるに当たって、さすがに「眺めのいい部屋」を自称するのは厚顔無恥である。そこで、『映画はいつも「眺めのいい部屋」』と改めた。

もちろん、タイトルを変えればよいというものではないが、開き直ると、本書のような欠陥品にもそれなりの効用があろう。色々な映画を紹介し分析すると、ディープな映画愛好家（いわゆるシネフィル）はしばしば、そんな作品はもちろん知っている、あの作品に触れられていない、そんな説明や解釈は通俗的、表面的だ、といった反応を示しがちである。それで大いに結構だと思う。本書のような欠陥品のほうが、シネフィルの批判精神や自己顕示欲を強く刺激するかもしれない。そのことで映画をめぐる議論が広がり、深まれば、本書はその目的を十分に果たしたことになる。

逆に、それほど映画を観ていない読者に、こんな映画があったのか、あんな映画もあったな、これぐらいの議論なら自分でもできるぞ、と思ってもらい、さらに映画に接する契機となれば、筆者にとって、これはもう望外の幸せである。少なくとも筆者には、一部の者にしか理解できないような難解な術語を駆使して（つまり、業界人以外を排除して）映画を語るつもりはない。

評論家の林達夫が述べたように、「著者が読者にその著書の読み方のヒントを与えることほど思い上がった非礼はない」（『共産主義的人間』の「あとがき」より）。林にしてそうなのだから、本書などどのように読んでいただいてもよい。

ただ、副題の「政治学者のシネマ・エッセイ」が示すように、映画と政治の関係について強く意識しながら筆を進めたことにのみ言及しておきたい。その点では、『銀幕の大統領ロナルド・レーガン

――現代大統領制と映画』（有斐閣、二〇一八年）や『大統領とハリウッド――アメリカ政治と映画の百年』（中公新書、二〇一八年）というこれまでの拙著と、関心を同じくしている。

政治学者が書いたからといって、本書を「映画の政治学」などと呼ぶつもりはない。あくまで気楽なエッセイである。巷間には「文化の政治学」や「映画の政治学」と称する書物は少なくないが、「政治学」と呼ぶような客観性（自己相対化や立論、解釈への根拠の提示）に乏しく、強引に著者の政治的見解を押しつけるものもある。当然、映画や文化には様々な政治力学が働いているが、それを指摘したからといって、レトリックを超えて「政治学」になるわけではない。「学」の一語はそれなりに重い。憲法学の「専門知」を尊重しろというのなら、政治学にもそれなりの敬意を払うべきであろう。

もとより、筆者を含めて、何人も政治的立場やイデオロギーから自由ではないが、あまりにも一方的な政治的立場から映画を分析したり解説したりしている者もあり、時として唖然とする。

たとえば、『東京新聞』の望月衣塑子記者の原案を映画化した藤井道人監督『新聞記者』（二〇一九年）は、政治的テーマに正面から挑み話題になった。内閣調査室（内調）のわずか数十名でインターネットに書き込みをして世論誘導を図り、秘密の漏れやすい外務省出向者にそれをさせる。しかも、大学新設問題が生物兵器の密造につながっている――いずれも現実とは乖離した設定であり、エンターテインメントとして楽しめるし、安倍晋三元政権への揶揄や憂さ晴らしにもなろう。だが、登場人物の一人、内調幹部の「言動はいまの内閣の本音そのままだ」（某映画評論家）などと断定できようか。内閣や政府という複雑な集合体に単純な「本音」を求めては、陰謀論になってしまう。こうした「本音」

の断定からQアノン（「ディープ・ステート」がアメリカを支配していると信じる極右の陰謀論）までは、実はそれほど遠くない。陰謀論は陰謀の正体以上に、しばしば論者の正体、批判者の「本音」をさらけ出す。

「政治権力への抵抗のポーズそれ自身が何かに対するひとつのサービスなのだ、という現代の逆説にきびしい自覚を欠いた言論は、いつかまた世論や民衆のムードの変化に応じて、たちどころに総転向が始まるだろう」と、すでに半世紀以上前に政治学者の永井陽之助は喝破している（『平和の代償』中央公論社、一九六七年）。こうした反権力のポーズは、いわゆる文化人や知識人の間に横溢している。ただし、学部や学会、業界のボスの権力には、彼らはそれほど反抗的ではなさそうである。権力はあらゆる関係性に働いており、民主主義社会では、国家権力のように距離の遠い権力ほど、容易に批判できる。

また迷走してしまった。本書のタイトルはフォースターからの借用なのであった。世の中には実に様々な人々がいる。ナチスのように気に入らない人々を抹殺することなど許されない。とすれば、相手が嫌いでも「なるべくがまんするのです。愛そうとしてはいけない。そんなことはできませんから無理が生じます。ただ、寛容の精神でがまんするように努力するのです」、「他人の狂信的精神を指摘するのは容易でも、自分のそれを見抜くのは難しい」と、彼は論じている（『フォースター評論集』小野寺健編訳、岩波文庫、一九九六年）。

映画を楽しみ、映画について語らいながら、こうした寛容の精神を育みたい。

なお、存命の方々についても、監督や脚本家、俳優などの敬称は省略した。ご了解いただきたい。

映画はいつも「眺めのいい部屋」
――政治学者のシネマ・エッセイ

目次

はじめに

第Ⅰ部　権力と反権力

第1章　権力の群像

1　映画の中の大統領

『リンカーン』

二〇一三年のアカデミー賞で、ダニエル・デイ・ルイスが三度目の主演男優賞を獲得した。もう一回で、キャサリン・ヘプバーンの主演女優賞四回獲得に肩を並べる。ルイスの主演作はスティーヴン・スピルバーグ監督の『リンカーン』である。ジョージ・ブッシュ大統領時代にはイラク戦争や政府の権力乱用を批判し続けてきたハリウッドが、うって変わって戦時大統領の偉大なリーダーシップを賛歌した作品である。

かつて、ハリウッドはロナルド・レーガンという元B級俳優をホワイトハウスに送り出した。しかし、ハリウッドとホワイトハウスの関係は、一九世紀末にまでさかのぼる。「素晴らしい小さな戦争」と呼ばれた一八九八年の米西戦争以来、アメリカの大統領はメディアの注目を集め、政治的影響力を格段に高めてきた。また、この米西戦争の様子はニュース映画として多くのアメリカ人に届けられた。一般市民が戦場の様子を映像で知るのはこれが初めてのことであり、活字ニュースとは比較にならないインパクトを与えた。その結果、国民的英雄となったのが、のちの第二六代大統領セオドア・ローズヴェルトであった。彼こそ、映画が送り出した現実の大統領の第一号である。以後、いかなる大統領も映像の中の自分のイメージを無視して、その職を遂行することができなくなった。

やがて、フィクション映画の中にも、実在の大統領が描かれるようになった。デヴィッド・グリフィス監督による『國民の創生』（一九一五年）は、「世界で初めて製作された真の歴史的叙事詩」と評され、クローズアップやモンタージュ、フラッシュバックなど多くの技法を映画に導入した。だが、その内容はクー・クラックス・クラン（ＫＫＫ）による人種差別を美化したものであった。これほど差別的な芸術家が当時最も進歩的な技術を次々に映画に導入したことは、映画史上の大きな謎である。その人種差別を嫌って、レーガンの父は家族に『國民の創生』の鑑賞を禁じたという。

この映画の中で、ジョセフ・ヘナベリーという俳優がリンカーン大統領を演じている。リンカーンは南北戦争時の指導者として、一九世紀の大統領の中で例外的な権力と注目を獲得した。黒人奴隷解放を実現した大統領が人種差別的映画で英雄視されるのは、まことに皮肉であった。しかし、それほどリンカーン大統領の声望は高かったのである。

この『國民の創生』以降、数々の映画で実在の大統領が描かれてきた。その数は初代のジョージ・ワシントンから第四五代のドナルド・トランプまで四〇人にのぼり、映画化されていない大統領は五人のみである。

最多登場はやはりリンカーンで、二位のフランクリン・ローズヴェルトを大きく引き離している。しかも、一九一五年の『國民の創生』から二〇一二年の『リンカーン』まで、彼はほぼ一世紀にわたってアメリカ映画の中で描かれ続けている。同じ政治家への長期にわたる肯定的表現は、アメリカの政治体制（とその正統性）の継続を示していよう。トランプ大統領ですら、自らの人種政策を正当化するのに、リンカーンを持ち出している。また、「丸太小屋からホワイトハウスへ」の立志伝中の物語、アメリカ史上最大の被害をもたらした戦争（南北戦争）、そして初の大統領暗殺事件と、リンカーンの一生は映画にふさわしいテーマに満ち溢れている。

しかも、二〇世紀以降の大統領とは異なり、写真を別にすれば、リンカーンを記録した映像（フィルム）やテープはない（彼の声は明澄なバリトンだったという）。実像の不在が、ハリウッドによる虚像の作成、そして、人々による虚像の受容を容易にしているのである。二一世紀に入ってからは、リンカーンがゾンビや吸血鬼と闘ったりする荒唐無稽なエンターテインメントから、リンカーン暗殺犯の家族を描いた重厚な作品（『声をかくす人』二〇一〇年）など、リンカーンをテーマにした映画の幅は広がっている。

フィクションの大統領たち

ハリウッド映画には、数多くの架空の大統領も登場する。映画が現実に先行したのは、黒人大統領と女性大統領の例である。

黒人大統領については、一九七二年のジョセフ・スタージェント監督『ザ・マン／大統領の椅子』

の中で、ジェームズ・アール・ジョーンズがこれを演じている。一九七〇年代のアメリカでは、公民権運動の影響を受けて黒人映画が隆盛であった。その後も、ミミ・レダー監督『ディープ・インパクト』（一九八八年）でモーガン・フリーマンが大統領を演じるなど、黒人大統領の登場する作品はいくつかある。前者は本格的な政治ドラマだが、後者はSFである。このように、黒人大統領は近未来のSF作品に登場することが多かった。いわば非現実性のアイコンである。アメリカ社会の一層の多様化を反映して、やがてはラティーノやアジア系の大統領が映画に登場することになろう（実際、アメリカ社会でのラティーノ人口の急増に鑑みれば、将来的にはスペイン語の運用能力なしに本格的なアメリカ研究はできなくなるかもしれない）。

女性の大統領はまだ実現していない。映画では早くも一九六四年に、カーティス・バーンハート監督の『彼氏はトップレディ』（一九六四年）でポリー・バーゲンが女性大統領を演じている。これは大統領の夫（ファースト・ハズバンド）を主役にしたコメディである。この時代には、女性大統領はコメディの対象だったのであろう。何しろ、この映画のラストでは、大統領は妊娠を理由に辞職してしまうのである。今なら、フェミニストから猛反発を受けるであろう。二〇一六年の大統領選挙にヒラリー・クリントンが当選していれば、映画に半世紀遅れで女性大統領が実現するはずだったのだが。

女性の副大統領候補は、現実の政治でも三人いた。ジェラルディン・フェラーロ下院議員（一九八四年、民主党）とサラ・ペイリン・アラスカ州知事（二〇〇八年、共和党）、そしてカマラ・ハリス上院議員（二〇二〇年、民主党）である。二一年に、ハリスは副大統領に就任した。史上初の女性、黒人、アジア（インド）系の副大統領の誕生である。
ロッド・ルーリー監督『ザ・コンテンダー』（二〇〇〇年）でも、女性上院議員の副大統領指名がテーマになっている。また、ウォルフガング・ペーターゼン監督『エアフォース・ワン』（一九九七年）には、女性副大統領が登場する。

架空の大統領が重要な役割を演じる映画の中で、最大のジャンルをなすのはＳＦものである。祖国や地球の存亡が問われる時、大統領は最重要人物だからである。スタンリー・キューブリック監督による一九六四年の古典的作品『博士の異常な愛情』やローランド・エメリッヒ監督の一九九六年作品『インデペンデンス・デイ』などは、その代表例である。ＳＦに次いで、大統領の陰謀、そして大統領の女性問題やスキャンダルも、しばしば映画に描かれている。リチャード・ニクソン大統領がウォーターゲート事件に関与し、ビル・クリントン大統領がホワイトハウスの女性インターンと「不適切な関係」をもって、それぞれ弾劾寸前まで追い込まれたことが、こうした傾向に深く関係していよう。

二〇一六年、すなわち大統領選挙の年に、エメリッヒ監督は『インデペンデンス・デイ――リサージェンス』を手がけた。予想どおり、女性大統領が登場したが、彼女はエイリアンに殺されてしまう。ヒラリー・クリントンの敗北を予見していたかのようである。とすれば、さしずめトランプはエイリアンとなろう。

このように、映画の中の大統領に、観客は偉大と卑俗の双方を求めてきた。そして、過去二〇～三〇年の傾向では、むしろ後者がしばしば好んで描かれてきたといっても過言ではない。

三つの事例を挙げよう。まず、ジョン・カーペンター監督『ニューヨーク1997』（一九八一年）である。巨大な監獄と化したニューヨークに大統領専用機が墜落し、大統領（ドナルド・プレザンス）が囚人たちの人質になってしまい、カート・ラッセル演じる元英雄が救出に当たるというものである。設定そのものが大統領の権威の低下を象徴しているが、さらに、名優プレザンスが自己保身の権化のような大統領を巧みに演じている。

次に、デヴィッド・クローネンバーグ監督『デッド・ゾーン』（一九八三年）である。スティーヴン・キングの小説を原作にしたSFで、主人公（クリストファー・ウォーケン）は交通事故の後遺症で、他人と握手した際に相手の未来を予見できるようになる。ある日、選挙中の政治家（マーティン・シーン）と握手すると、彼が将来大統領になり無謀な核戦争を惹起することを知ってしまう。そこで、主人公はこの政治家の暗殺を企てるのである。シーンは大統領役が板につく俳優だが、彼が演じた夢の中の大統領はまさに悪夢そのものであり、映画に描かれたフィクションの大統領像の中で最悪のものという意見もある。

最後に、ジョージ・クルーニーが監督・主演した『スーパーチューズデー――正義を売った日』（二〇一一年）を紹介しておこう。民主党の大統領予備選挙を戦うモリス知事（クルーニー）が、清潔なイメージとは裏腹に女子大生と不倫関係にあり、さらに、勝利を手にするために信念を捨てて妥協をする様子が描かれている。性的なスキャンダルと政治的な偽善、腐敗が、ここには同居している。クルーニーはオバマ大統領の熱心な支持者としても知られる。クルーニーはこの映画を政治映画ではないと称しているが、映画の中で反面教師を描くことによって、あるべき大統領像の回復をオバマに仮託しているのかもしれない。

日本版『リンカーン』は？

さて、それでは日本版『リンカーン』はありうるであろうか。

そもそも、大統領と首相とでは政治的立場が異なる。日本の首相が拠って立つ政治制度は、はるかに分権的である。しかも、戦後の日本は文字通り「戦後」であり、直接の戦争体験はなく危機にも乏しかった。そのうえ、昔の戦争を美化することも困難である。アメリカ人がリンカーンに抱くような畏敬や声望の対象を求めれば、日本では織田信長や徳川家康のような戦国武将に行き着くかもしれない。だが、それでは近代的政治制度との連続性がない。

日本映画がSF的設定で国難を描いても、ウルトラマンのような地球外のヒーローか、たまたま現場に居合わせた民間人のヒーローが、しばしば危機を解決してきた。首相はむしろ無為無策である（ちなみに、ウルトラマンは在日米軍、無力な「地球防衛隊」の類は自衛隊の比喩と看取できよう）。

どうやら、日本版『リンカーン』はかなり困難なようである。最近では、その日本でもリーダーシップの重要性が語られる機会が増えている。それだけ、人々はリーダーシップに渇仰しているのである。日本の政治家諸氏が『リンカーン』をどう鑑賞するのか、ぜひ一度感想を聞いてみたいところである。実際、政治家の中には映画好きが少なくない。

菅義偉前首相が映画好きかどうかは知らないが、内山雄人監督『パンケーキを毒見する』が東京オリンピック開催中に公開された。『新聞記者』のスタッフが再結集し、当時の菅首相を批判的に描いたドキュメンタリーである。同首相は酒を嗜まず、パンケーキが好物との由である。この作品は、メディアによる権力批判の重要性を訴えている。その点は首肯できるが、社会は権力行使なしには機能しえないのだから、メディアは権力を適正に評価し、時には支援する必要もあろう。まして、メディアも巨大な権力だという自覚を欠いてはいけない。本作に登場する鮫島浩氏（元朝日新聞記者）によると、安倍・菅両内閣は戦後日本を主導してきたエリート集団への「仕返し政権」だという。これも、かなり首肯できる。だからこそ、「権威ある」学者やメディアは両政権の批判にかくも熱心なのであろう。

トランプはプロレス的？

冒頭で紹介したダニエル・デイ＝ルイスは、ポール・トーマス・アンダーソン監督『ファントム・スレッド』（二〇一七年）を最後に、俳優を引退すると表明した（したがって、四度目のアカデミー賞受賞はなさそうである）。

また、女性大統領が登場する映画としては、すでにサイレント時代にジョン・ブライストン監督『女護の島』（一九二四年）がある由である。一九五〇年に感染症のために成人男性がことごとく死滅し、女性だけの世界となり女性の大統領が登場する。しかし、山奥に男が一人だけ生き残っており、彼をめぐって女たちの争いが巻き起こる。一世紀近く前に、かくも過激な映画があったのである。感染症という設定は、一九一八〜一九二一年に政界で猛威をふるったスペイン風邪の影響であろう。なお、この節のテーマの詳細については、拙著『大統領とハリウッド』（中公新書、二〇一九年）をご覧いただきたい。

最近では、アダム・マッケイ監督『バイス』（二〇一八年）がディック・チェイニー副大統領を描いている。副大統領を主役にした映画はこれが初めてで、クリスチャン・ベールがチェイニーを怪演している。タイトルは副大統領（バイス・プレジデント）に由来するが、悪徳という意味もある。権力を独占しイラク戦争を主導したチェイニーは、しばしば史上最強にして最悪の副大統領と呼ばれている。

今のところ、ドナルド・トランプ大統領を描いた映画は少ない。マイケル・ムーア監督『華氏１１９』（二〇一八年）ぐらいであろうか。９１１ならぬ二〇一六年一一月九日に、トランプ当選が確定した。もちろん、ハリウッド主流のリベラル派は、トランプ大統領を心から嫌悪してきた。トランプが当選した一六年に、アンソニー＆ジョー・ルッソ監督『シビル・ウォー／キャプテン・アメリカ』をマーベル・スタジオが製作していたのは、ふり返ってみると象徴的である。トランプ時代末期のアメリカは「冷たい内戦（シビル・ウォー）」と呼ばれたのだから。当のトランプも敵を見つけて罵倒するプロレス政治を展開し、映画以上にエンターテインメント性があった。

また、三谷幸喜監督『記憶にございません！』（二〇一九年）では、木村佳乃演じるスーザン・セントジェームス・ナリカワという史上初の日系女性大統領が登場する。もちろん、これはコメディだが、アメリカ社会の多様化に鑑みれば、将来的にはありえない話ではない。ちなみに、グレゴリー・ラ・カーヴァ監督『獨裁大統領』（一九三三年）では、腐敗した大統領が交通事故に遭い、天使が乗り移って一命をとりとめると、政治改革や平和外交に独裁的な手腕を発揮する。『記憶にございません！』は、八六年前のこの作品のパロディとみることもできる。

また、原田マハ原作、河合勇人監督『総理の夫』が二〇二一年秋に公開された。「もしも私が総理大臣になったら、何かあなたに不都合はある?」と、ある日、妻が夫に問う。夫は内閣広報官に監視され、首相秘書官に呆れられと、不都合だらけである。こちらもコメディで、『彼氏はトップレディ』に遅れること、実に五七年である。妊娠による辞任まで同じなのだが、両作品の類似性を誰も指摘していないのは、単なる無知なのか、それとも業界の掟なのかと、首を傾げたくなる。

2　映画の中の君主たち

恋する王室——ヨーロッパの場合

地元の京都シネマで、ニコライ・アーセル監督・脚本の『ロイヤル・アフェア——愛と欲望の王宮』(二〇一二年)を観た。ベルリン国際映画祭で銀熊賞(脚本賞と主演賞)を受賞した作品である。

一八世紀後半のデンマークが舞台で、精神的に不安定な国王コウリスチャン七世がイギリス王室から美しいカロリーネを王妃に迎える。しかし、夫婦仲は疎遠で、王妃は異国にあって孤独に包まれている。そんな折、国王の侍医にドイツ人医師ストルエーンセ(マッツ・ケルセン)が起用される。ヨーロッパにはルソーなどの啓蒙思想が広がりつつあったが、北欧のデンマークではまだ絶対王政が揺るぎない。自由主義者のストルエーンセは国王の信任を得て、大胆な改革を推し進める。だが、彼は王妃との禁断の不倫関係に陥ってしまう。やがて、保守派の貴族たちの反撃が始まり、不倫関係を暴かれたストルエーンセは断罪され、王妃も幽閉の身となる。

デンマークといえば、シェークスピアの『ハムレット』の舞台でもあった。ヨーロッパの映画やヨーロッパを舞台にした映画には、しばしば君主や王室の生々しい人間模様が描かれてきた。『ハムレット』も何度も映画化されている。

数あるヨーロッパの王室の中でも、代表格はやはりイギリス王室であろう。これは映画の世界でも同じである。エチオピアのハイレ・セラシエ皇帝は帝位を追われた時、「世界にはトランプの四人の王様とイギリスの国王しか残らないだろう」と嘆息したという。

古くは、チャールズ・ロートンの怪演が印象的なアレクサンダー・コルグ監督『ヘンリー八世の私生活』（一九三三年）、ポール・スコフィールドがトマス・モア役でアカデミー主演男優賞を獲得したフレッド・ジンネマン監督『我が命尽きるとも』（一九六六年）、さらに、ナイシェル・ホーソンがジョージ三世の狂気を演じたニコラス・ハトナー監督『英国万歳』（一九九四年）、ケイト・ブランシェットがエリザベス一世を演じたシェカール・カブール監督『エリザベス』（一九九八年）など、イギリス王室ものは枚挙に暇がない。

二一世紀に入っても、イギリス王室をテーマにした秀作映画は少なくない。ジャン＝マルク・ヴァレ監督『ヴィクトリア女王　世紀の愛』（二〇〇九年）は、ヴィクトリア女王（エミリー・ブラント）とアルバート公（ルパート・フレンド）の夫婦愛を華麗に描いている。これは元王室関係者が発案したことでも知られる。トム・フーバー監督『英国王のスピーチ』（二〇一〇年）は、アカデミー最優秀作品賞を受賞している。吃音に悩むジョージ六世（コリン・ファース）と言語療法士（ジェフリー・ラッシュ）の友情の物語である。ラストシーンでは、第二次世界大戦参戦に際して、国王はラジオを通じて国民に感動的なスピーチを発する。ジョージ六世が吃音に悩んでいたことなど、多くの者が知らなかったのではなかろうか（もちろん、筆者はその一人）。

ジョージ六世は兄エドワード八世の退位の結果、王位に就いた。兄が離婚歴のあるアメリカ人女性シンプソン夫人との結婚を優先したからである。歌手のマドンナが監督した『ウォリスとエドワード王冠を賭けた恋』（二〇一一年）は、このスキャンダルをテーマにしている。そして、ジョージ六世の娘がエリザベス二世である。スティーヴン・フリアーズ監督『クィーン』（二〇〇六年）は、ダイアナ元皇太子妃の事故死直後の、エリザベス女王の苦悩を描いた。とりわけ、映画は王室のスキャンダルや内紛を好むようである。

架空の王様や王女様も大活躍である。

チャールズ・チャップリン監督・主演の『ニューヨークの王様』（一九五七年）は、革命で祖国を追われた王様がニューヨークで亡命生活を送るが、時あたかもアメリカは赤狩り（マッカーシーイズム）の最中で、王様まで共産主義のシンパと誤解されてしまう。チャップリン自身が赤狩りの標的になってアメリカを追われた体験を基にしている。

なんといっても、映画史上最も有名な王室関係者は、ウィリアム・ワイラー監督『ローマの休日』（一九五三年）のアン王女（オードリー・ヘプバーン）であろう。ヨーロッパの最も伝統ある王室に属する彼女は、ローマ公式訪問中に過密スケジュールに嫌気がさして宿舎から出奔し、偶然出会った新聞記者（グレゴリー・ペック）との束の間の恋を満喫する。ヘプバーンがオランダの貴族の末裔だったことも、このキャスティングの成功の一因であった。

映画は本物の大統領（レーガン）を誕生させたように、本物の大公妃も誕生させた。グレース・ケリーである。レーガン大統領夫妻も、彼女の旧友であった。ハリウッドを代表したこの美人女優は、モナコのレーニエ大公のハートを射止めて、一九五六年に大公妃となったのである。あたかも映画のように、二人の出会いの場はカンヌ国際映画祭であったという。そして、この大公妃は一九八二年に自動車事故でこの世を去った。最後まで映画のようであった。オリヴィエ・ダアン監督『グレース・オブ・モナコ　公妃の切り札』（二〇一四年）では、モナコと大国フランスの対立、宮廷内の陰謀が、グレースの映画復帰計画に絡まっていく。ニコール・キッドマンが大公妃を演じ、グレースの人生は映画に回収されていった。

隠された皇室
――日本の場合

では、日本の場合はどうか。

ヨーロッパやハリウッドとは異なり、日本映画が天皇や皇室を描くことは、極端に少ない。まず戦前に関しては、天皇や皇室を映画で描くことは不敬罪に該当した。衣笠貞之助監督による一九二五年の『日輪《にちりん》』が邪馬台国の卑弥呼を描いたことですら、不敬であると物議をかもした。昭和天皇については、行幸や観兵式や観艦式などの馬上や車上の姿が数本の記録映画に残っているだけだという（岩本憲児「不在と崇拝のはざまで――戦前日本映画の天皇像」岩本憲児編『映画の中の天皇』森話社、二〇〇七年）。その規制たるや、スキャンダルや私生活どころではなかったのである。

華族出身者は、映画界にも少なくなかった。戦前にも小笠原プロダクションを興した小笠原長隆、長英は子爵家の長男と次男、女優の入江たか子は東坊城《ひがしぼうじょう》子爵家の三女であった。入江は晩年、化け猫映画に多数出演して、「化け猫女優」として知られた。また、戦後に活躍する久我《くが》美子《よしこ》は久我侯爵家の長女である（小田部雄次『華族——近代日本貴族の虚像と実像』中公新書、二〇〇六年）。

大日本帝国が崩壊すると、華族は描きやすくなった。華族制度が廃止されたため、ノスタルジーすら醸し出したといえよう。チェーホフの『桜の園』をもとにした吉村公三郎監督『安城家の舞踏会』（一九四七年）では没落貴族一家が、木下惠介監督の『お嬢さん乾杯』（一九四九年）では没落貴族の令嬢が、それぞれ描かれている。いずれも名作である。

だが、さすがに天皇となると話は違う。一九四六年に亀井文夫監督が記録映画『日本の悲劇』で、昭和天皇の姿が軍服から背広に変わるところを映し出して、戦争責任を示唆した。そのため、吉田茂首相の要請を受けた占領軍司令部から、この映画は上映中止にされてしまった（不敬罪の廃止は翌四七年）。昭和天皇と言わず、華麗な平安朝の王朝絵巻『源氏物語』ですら、最初に映画化されたのは、ようやく一九五一年のことであった（やはり吉村監督、長谷川一夫主演）。

日本史上、天皇が最初に映画で描かれたのは、渡辺邦男監督『明治天皇と日露大戦争』（一九五七年）であった。新東宝が社運を賭けた「日本初のシネマスコープ大型映画」であり、四月二九日、つまり当時の天皇誕生日に公開された。往年の時代劇スター「アラカン」こと嵐寛寿郎《あらしかんじゅうろう》が、堂々と明治天皇を演じている。戦後映画界の絶頂期であり、しかも、歴史化された明治天皇だったから、可能だったのであろう。この作品は大ヒットし、『天皇・皇后と日清戦争』（一九五八年）、『明治大帝と乃木将軍』（一九五九年）とシリーズ化された。

昭和天皇はどうか。

鬼才・岡本喜八監督による一九六七年の『日本のいちばん長い日』で、「聖断」を下す昭和天皇が登場するが、顔は見えない。演じたのは八代目松本幸四郎だが、クレジットはない。ちなみに、昭和天皇はこの作品を公開直後に鑑賞している。昭和天皇を主演にした作品は、実に二〇〇四年まで、しかも、外国人監督の手によるものを待たなければならなかった。ロシアのアレクサンドル・ソクーロフ監督『太陽』である。ここでは、イッセー尾形が敗戦前後の昭和天皇を、特徴をよく捉えて巧みに演じている。もとより日本映画にも、原一男監督『ゆきゆきて、神軍』（一九八七年）のように、「天皇パチンコ玉射撃事件」の犯人・奥崎謙三を追うことで、不在の中に昭和天皇に迫った作品があったことは、忘れてはならない。『日本のいちばん長い日』は二〇一五年に原田眞人監督によってリメイクされ、こちらでは本木雅弘が堂々と昭和天皇を演じた。すでに昭和天皇が崩御して久しかったことによろう。

エドワード・ズウィック監督『ラスト・サムライ』（二〇〇三年）はハリウッドが作った時代劇で、明治維新の動乱を描いている。トム・クルーズや渡辺謙を相手に、まだ二〇歳の中村七之助が明治天皇を初々しく演じている。

そして、ピーター・ウェーバー監督『終戦のエンペラー』（二〇一二年）が日本でも公開された。マシュー・フォックスがボナ・フェラーズ准将を、トミー・リー・ジョーンズがマッカーサー元帥を演じ、やはり歌舞伎俳優の片岡孝太郎が昭和天皇を演じた。しかし、タイトルに反して、主役はフェラーズであり、作中の昭和天皇の影は薄い。

イギリスのジョージ六世の物語が開戦で国民を鼓舞するラジオ演説で終わるのに対して、昭和天皇の物語の多くは敗戦の「玉音」放送で始まる。第二次世界大戦後に憲法を全面的に改めながら、政治上の人脈や組織、文化の多くを継承してきた日本の複雑さが、ここにある。日本の植民地支配を挟んで、その前後で政治体制の隔絶した韓国が、かつての王朝物語を素朴に楽しめるのとは、大きな相違である。いつの日か、日本人の監督が正面から昭和天皇を映画化できれば、その時に日本映画史の中での「戦後」は終わるのかもしれない。

映画が教えてくれるトリビア

ジョージー・ルーク監督『ふたりの女王――メアリーとエリザベス』（二〇一八年）は、イングランドのエリザベス一世とスコットランドのメアリー・スチュアートの葛藤を描いている。対立しあいながらも、二人は孤独な女性として共感してもいる。ジュリアン・ジャロルド監督『ロイヤル・ナイト――英国女王の秘密の外出』（二〇一五年）は、のちに女王となるエリザベス王女が妹のマーガレット王女とともに、第二次世界大戦終結の夜にバッキンガム宮殿を密かに抜け出す物語である。この外出は事実だそうだが、エリザベス王女が若い将校との恋を経験するという設定は、『ローマの休日』を思わせる。女王の国民的人気の高さが、うかがい知れよう。

イギリス以外では、エリック・ポッペ監督『ヒトラーに屈しなかった国王』（二〇一六年）は、ノルウェー国王ホーコン七世を主人公に、小国のナチスへの抵抗を描いた秀作である。この国王はデンマーク王家の出身であり、だからこそ一層、国民を勇気づけようと腐心する。

アレクセイ・ウチーチェリ監督『マチルダ――禁断の恋』（二〇一七年）は、ロシア皇帝ニコライ二世と伝説のバレリーナ、マチルダとの実らぬ恋を描いた作品である。映画は歴史を忠実に再現するわけではないが、それまで知らなかった歴史上のエピソードに目を向けさせてくれる。そこから歴史を本格的に学ぶ機会も生まれよう。また、身分違いの恋というテーマは、エリック・シャレル監督『会議は踊る』（一九三一年）やアナトール・リトヴァク監督『うたかたの恋』（一九三六年）といった往年の名作の系譜に連なる。前者はロシア皇帝アレキサンドル一世とウィーンの町娘のひと時の恋（フィクション）、後者はオーストリア・ハンガリー帝国のルドルフ皇太子と男爵令嬢との心中（実話）である。

映画の中の天皇についても、補足しておきたい。篠田正浩監督『舞姫』（一九八九年）では、主人公のドイツ留学に際して、陸軍から結核を駆除するよう命じる明治天皇が、一シーンだけ登場する。演じるは原田大二郎で、ご本人は「誰よりも、明治天皇に似ているなぁ」と思っていた由である。また、沖田修一監督『モリのいる場所』（二〇一八年）は画家の熊谷守一《くまがいもりかず》とその妻の物語だが、冒頭に林与一演じる昭和天皇が美術展で熊谷の絵をながめて、「これは何歳の子供が描いた絵ですか？」と問う。逆に、熊谷は「面倒だ」と文化勲章の叙勲を一蹴する。二人のすれ違いである。林の昭和天皇も、実によく似ている。天皇についても、こうしたトリビア的登場は他にも色々とあるかもしれない。それらを発見するのも、映画鑑賞の楽しみの一つである。

また、幸四郎や七之助、孝太郎はもとより、「アラカン」や林も歌舞伎出身である。天皇の威厳や気品を演じるには、梨園がうってつけなのであろう。さらに、芸能界の中で歌舞伎の「格」が高い点も見逃せない。詳しくは、岩本憲児編『映画のなかの天皇』（森話社、二〇〇七年）が参考になる。

3　映画の中の三人のイギリス女性像

ダイアナ元妃との再会

いきなり私事にわたるが、筆者は一度イギリスのダイアナ元皇太子妃を見たことがある。といっても、場所は日本、しかも京都である。

一九八六年五月八日から六日間、チャールズ皇太子とダイアナ妃は公賓として日本を訪問した。皇太子にとっては一六年ぶり、皇太子妃にとっては初来日であった。その五年前のロイヤル・ウエディングで、二人は世界中を沸かせた。この来日でも、ダイアナ妃の華麗なファッションは、日本中で「ダイアナ・フィーバー」を巻き起こした。東京の青山で行われたパレードでは、沿道を九万人の人々が埋め尽くした。夫妻は京都も訪れ、京都御所と同志社大学の間の今出川通りを通過する様子を、当時同志社大学の三年生だった筆者は、文字通り一瞬垣間見たのである。ダイアナ妃は一九六一年の生まれだから、筆者より三歳年長にすぎない。当時はまだ二五歳である。少し年上の女性が巻き起こすフィーバーに、筆者は言葉を失っていた。

一九八六年には、昭和天皇の在位六〇周年記念式典、東京サミット、そして、このチャールズ皇太子夫妻の来日が重なり、東京では厳戒態勢が続いた。「戦後我が国が、国民の努力により、幾多の苦難を乗り越え目覚ましい発展を遂げ、今日の国民生活の安定と繁栄を実現し、平和国家として国際社会に名誉ある地位を占めるに至ったことは、誠に感銘深いものがあります」と、四月二九日の天皇誕生日に、八五歳の昭和天皇は「お言葉」を述べた。「国際社会に名誉ある地位を占めるに至った」か否かは別にして、たしかに、「国民生活の安定と繁栄」は一九八六年には頂点に達していた。ダイアナ妃の豪華なファッションへの日本人のフィーバーぶりも、この「国民生活の安定と繁栄」があればこそであり、鏡に映った自画自賛の観もあった。

三〇年近くを閲して、このダイアナ元妃に筆者は京都で「再会」を果たした。地元の映画館で、オリヴァー・ヒルシュビーゲル監督『ダイアナ』（二〇一三年）を鑑賞したのである。二〇一三年七月にダイアナ元妃の長男ウィリアム王子に第一子が誕生したばかりだったから、話題には事欠かなかった。存命なら、あのダイアナ元妃も「お婆ちゃん」になったのである。

ナオミ・ワッツの演じるダイアナは、実物同様に華麗で、しかし、どこか切ない。映画は一九九五年から始まる。すでにダイアナ妃は夫君と別居して三年目になる。公務は多忙をきわめるし、愛するウィリアムとヘンリーという子供たちとは、五週間に一度しか会うことが許されていない。友人の夫の突然の入院で、彼女はパキスタン人の医師ハスナット（ナヴィーン・アンドリューズ）と出会う。信念をもった若い医師への敬意は、すぐに愛情に変化していった。

やがて、ダイアナ妃はテレビ番組で夫の不倫を告白し、波紋を引き起こす。皇太子と離婚すると、彼女は国際的な慈善活動を熱心に展開する。他方、ハスナットとの交際をメディアに暴露され、二人の関係は難しくなる。医師は世界一有名な恋人よりも仕事を選ぶ。孤独に苛まれて、ダイアナ元妃はエジプトの富豪との交際を開始する。これは世界的なメディアの標的になる。ハスナットとの関係修復を願いながら、ダイアナ元妃はパパラッチに執拗に追い立てられ、一九九七年八月三一日の未明、パリのセーヌ川沿いのトンネル内で自動車事故のため死去した。享年三六歳であった。

ダイアナは、妻として母として女として、そして、公人としてセレブとして悩んでいた。彼女は有名で絶大な人気を誇ったが、常に孤独であった。この映画は、パパラッチをはじめとするメディアの報道姿勢を批判的に描き、旧宗主国イギリスと旧植民地パキスタンとの屈折した関係にも触れている。ダイアナの晩年二年間のみに焦点を当て、その内面をえぐろうとしたことが、成功の秘訣であろう。イギリス人ではなくドイツ人の監督だからこそ、ある程度の距離感をもって描けたのかもしれない。

ちなみに二〇一三年一〇月には、筆者は三〇年ぶりでもう一人の女性とも「再会」を果たした。こちらは日本人、しかも幼女である。冨樫森監督『おしん』である。橋田壽賀子原作のＮＨＫ朝の連続ドラマで、明治時代の山形で貧農の子として生まれたおしんの苦労と成長は、全国の視聴者の涙を誘った。一九八三年四月四日の放送開始から一カ月で視聴率は五〇％に達し、一一月には六二・九％に達する。中曽根康弘首相やアメリカのレーガン大統領さえ、おしんに言及した。中国や東南アジア、中東でも大人気を博した。「おしんドローム」である。「アメリカ製の東京ディズニーランドが語るものは、『もう日本は貧しくない』である。その風潮があればこそ、『もう一度日本が貧しかった時代の生き方を見つめてみよう』という『おしん』も登場する」と、橋本治は鋭く指摘している（橋本治『二十世紀』毎日新聞社、二〇〇一年）。

同様に、国際政治学者の高坂正堯《こうさかまさたか》も、「おしんドローム」を次のように分析している。

「個人の美徳は常に公共の必要とは合致しない。勤倹は高い生産性と多額の貯蓄を生む。それらが現在の内需の不振と輸出の増大を招くのであり、その結果、膨大な貿易収支の黒字が生み出される」、「現在の日本人が『おしん』とちがって、もう少し働かないか、あるいは浪費してくれるほうが公共の必要に合致するといえよう」（『高坂正堯外交評論集』中央公論社、一九九六年）。

一九八〇年代の日本人にとって、豪華なダイアナと勤倹なおしんの姿は表裏一体であった。その両人に今日「再会」しても、「ダイアナ・フィーバー」も「おしんドローム」ももはや起こらない。単に筆者が年をとったというだけではない、日本社会そのものの斜陽と閉塞の意識が、そこには働いていよう。

女王と「鉄の女」

さて、ダイアナ元妃以外にも、現代イギリスで活躍した女性をテーマにした映画が、近年いくつも製作されている。まずは、先述のフリアーズ監督『クィーン』である。こちらは、ダイアナ元妃の事故死当時のイギリス王室の舞台裏を描いている。主人公のエリザベス二世を、デイム（ナイトの女性版）の称号をもつ名女優へレン・ミレンが好演した。女王は王室を離れたダイアナの死を国事ではなく私事とみなし、パレルモ城からロンドンに戻ろうとしない。世論は女王の態度を冷淡、傲慢とみなして厳しく非難し、王室廃止論さえ語られるようになる。トニー・ブレア首相（マイケル・シーン）は、ロンドンに戻って弔意を表するよう、女王に繰り返し言上する。やがて、女王はロンドンに戻り声明を発表するが、その姿勢に国民も首相も大いに感銘を受けるのであった。

作中で、鹿狩りのエピソードが挿入されている。女王は気晴らしに一人で鹿狩りに出かけ、美しい角を持った鹿と遭遇する。女王と鹿は見つめ合い、女王は涙を流して鹿を逃がしてやる。しかし、その鹿は王室のハンターに射止められて、女王の前に供される。ダイアナ元妃はメディアに追い詰められて殺されたようなものだが、そのメディアと世論に圧倒的な人気と影響力を誇っていた。彼女の不慮の死の後には、女王と王室の薄情がメディアと世論に厳しく糾弾される。あの美しい鹿はダイアナ元妃であろうか。あるいは、殺されて卓上に供された鹿は、イギリス王室と女王自身であろうか。

仄聞《そくぶん》するところによると、エリザベス女王ご自身はこの映画をご覧にならなかったという。そして、その旨をブレア首相にも伝えた。そこで、首相もこの映画は観なかった由である。立憲君主と首相との、理想的な阿吽の呼吸である。だが、デイム・ヘレンが本作で様々な賞を受賞したことから、女王は彼女をバッキンガム宮殿のディナーに招待された。ところが、この名女優は撮影スケジュールを理由に、この招待を断った。これはメディアでも取り上げられた。

もう一本は、フィリダ・ロイド監督『マーガレット・サッチャー　鉄の女の涙』（二〇一一年）である。こちらも名女優メリル・ストリープがサッチャー元首相を力演し、二度目のアカデミー主演女優賞を獲得している。「鉄の女」の異名どおり、サッチャーはフォークランド紛争で勝利を収め、盟友レーガン米大統領とともに冷戦を戦い抜いた。野党にも世論にも妥協しない。だが、この映画は、認知症を患う彼女の晩年を扱っており、回想として過去の歩みが挿入されている。また、元首相は幻想の中で、亡夫デニスと暮らし続けている。この映画が公開されてから二年ほどして、サッチャー元首相は二〇一三年四月八日に八七歳で亡くなった。

『ダイアナ』にはエリザベス女王もサッチャー女史も登場せず、『クィーン』にはダイアナ元妃とサッチャー女史は登場せず、そして、『マーガレット・サッチャー』には女王も元妃も登場しない。しかし、彼女たちは同時代のイギリスで濃密な関係にあり、イギリス社会と世界の歴史に大きな足跡を残してきた。そして、映画が描く三人の女性に共通している点は、深い孤独感であろう。

イギリス以外のヨーロッパ諸国でも、女性の大統領や首相は数多い。それどころか、日本以上に男性中心社会の韓国ですら、史上初の女性大統領が誕生した。台湾でも女性の総統が登場した。

また、二〇一三年には、史上初の女性駐日米大使キャロライン・ケネディ女史も東京に赴任した。父ジョン・F・ケネディ元大統領の没後五〇年に赴任とあって、日米両国のメディアで注目を集めた。キャロライン女史は叔父の故エドワード・ケネディ上院議員に連れられて、一九七八年に広島、そして京都を訪問したことがある。まだハーヴァード大学の学生だった頃である。大使として、彼女は広島や京都を再訪し、全国的に人気を博した。いわば、ミニ・ダイアナ・フィーバーであろうか。

翻って、日本で女性の首相が誕生し、コメディを超えて、苦悩する孤独な女性指導者の姿が映画のテーマにされる日は、いつやってくるのであろうか。

思えば、一九八〇年代のイギリスは、エリザベス女王、ダイアナ妃、サッチャー首相と、女性に代表されていた。しかし、「紳士の国」の二人目の女性宰相テリーザ・メイは第二の「鉄の女」にはなれず、イギリスのヨーロッパ連合（EU）離脱をめぐる混乱に翻弄され続けた。議会制民主主義発祥の国は、ポピュリズムに陥り大きく揺れた。

女性の参政権

イギリスでの議会制民主主義の拡大の歴史にも、多くの苦難があった。ナポレオン戦争後の一八一九年に北イングランドでの選挙権の欠如をめぐって、マンチェスターのセント・ピーターズ・フィールドで六万人もの市民が集会を開いたところ、治安判事らに命じられた騎兵隊が鎮圧に乗り出し、六五〇人以上が負傷し、少なくとも一八人が死亡した。世にいうピータールーの虐殺である。この惨劇の目撃者らが、のちに『マンチェスター・ガーディアン』（今日の『ガーディアン』）紙を創刊した。この事件を描いたのが、マイク・リー監督『ピータールー――マンチェスターの悲劇』（二〇一八年）である。この惨劇の頃には、アメリカでは成人の白人男性には誰でも、普通選挙権が付与されるようになっていた。アメリカで社会主義が勢いをもたなかった理由の一つが、ここにある（より根本的には、ヨーロッパの労働者に比べて、アメリカの労働者は十分に豊かであった）。

ピータールーの虐殺から一世紀を経て、第一次世界大戦後の一九一八年には、イギリスで女性にも制限選挙権が付与された。男女平等の成人普通選挙権が確立されるのは、さらに一〇年後の一九二八年のことである。

世界で最初に女性に投票権を認めたのはニュージーランドで、実に一八九三年のことであった（被選挙権が認められたのは一九一九年）。ただし、アメリカでは、准州のレベルで一八六九年にワイオミングが、一八七〇年にユタが、それぞれ女性に投票権のみを認めていた。西部の諸州では、女性の人口が圧倒的に少なかったからこそ、可能であった。修正憲法一九条によって、連邦レベルで女性参政権が認められたのは、やはり第一次大戦後の一九二〇年である。黒人の成人男性の参政権は、すでに南北戦争後に認められていた。しばしば、大きな戦争は民主主義の拡大に貢献してきた。また、女性と黒人の政治参加は、共鳴し競合する関係にあった。参政権同様に大統領の地位も、黒人が女性にさきがけて獲得することになった。

さて、イギリスでは一九世紀末から女性参政権運動が展開されていたが、その中でも過激で戦闘的な行動をとる集団は参政権を意味する「サフラッジ」から「サフラジェット」と呼ばれ、しばしばテロリスト扱いされた。一九一〇年代に展開された彼女たちの闘争と苦悩を描いた映画が、サラ・ガヴロン監督『未来を花束にして』（二〇一五年）である。貧しい洗濯女が人権に目覚め、連帯を示す花をつけた帽子をかぶって、運動に身を投じる。サッチャーを演じたストリープが、ここでは「サフラジェット」のカリスマ指導者エメリン・パンクハーストを颯爽と演じている。ストリープがアメリカ人であることは、言うまでもない。

最後に、サッチャーが登場する最近の映画を二つ紹介しておこう。

一つは、ティモ・ウォレンソラ監督『アイアンスカイ　第三帝国の逆襲』（二〇一九年）という、カルト的ＳＦコメディである。核戦争の結果、地上に人類は生息できなくなり、一部は月の裏側に移住している。また、地球の中心は空洞で、ここにはヴリルという悪魔的なヒト型爬虫類が生息している。長年、彼らは人類の指導者たちになりすまし、人類の滅亡を画策してきた。アドルフ・ヒトラーをはじめ、ヨシフ・スターリン、ビン・ラディン、ジンギスカン、金正恩、そしてサッチャーも、実はヴリルだったのである。青いスーツに身を包んだ彼女は、人間を追いつめながら「共産主義者（コミーズ）！」と罵る。ちなみに、スティーブ・ジョブスやマーク・ザッカーバーグもヴリルとして登場する。

次に、グリンダ・チャーダ監督『カセットテープ・ダイアリーズ』（二〇一九年）は、一九八七年のロンドン郊外を舞台に、パキスタン人の高校生の音楽との出会いを描いている。主人公の父親は不況のため失業し、主人公の恋人（白人中産階級）は「魔女」（サッチャー）の四選阻止のための政治活動に熱中している。主人公の一家は「パキ」と呼ばれ、様々な差別に耐えている。極右団体が闊歩する中で、街頭には「イギリスを団結させよう！」というサッチャー保守党のポスターが堂々と貼られている。

権力の「本音」を一知半解に説くよりも、権力を笑い飛ばし風刺するところにこそ、映画の真骨頂があるような気がする。

第2章　抵抗と犠牲者

1　映画の中のホロコースト

『ハンナ・アーレント』を観る　マルガレーテ・フォン・トロッタ監督の話題作『ハンナ・アーレント』（二〇一二年）を京都シネマで鑑賞した。満席で立ち見まで出ていた。二〇一三年のドイツ映画賞で作品賞銀賞と主演女優賞を獲得した作品である。

言うまでもなく、ハンナ・アーレント（一九〇六～七五）はドイツ生まれの著名なユダヤ人哲学者である。代表的な著書には『全体主義の起源』や『革命について』、『暴力について』、そして、本作の背景をなす『イェルサレムのアイヒマン』などがある。実在の小説家や画家、音楽家を主人公にした映画は少なくない。また、内容や表現が哲学的な映画も数々ある。しかし、哲学者が主人公の映画とは珍しい。近作では、イラン・デュラン・コーエン監督『サルトルとボーヴォワール　哲学と愛』（二〇〇六年）があるものの、これは哲学よりも男女の愛憎の物語である。『ハンナ・アーレント』は映画として単に珍しいだけではなく、内容的にも充実している。

まずは、物語を紹介しておこう。

一九六〇年にアルゼンチンで、アドルフ・アイヒマンが拉致され、イスラエルに連行されたうえで裁判にかけられる。アイヒマンはナチス親衛隊の幹部で、数百万人のユダヤ人を強制収容所に移送した責任者であった。戦後アルゼンチンに逃亡していたが、イスラエルの諜報機関モサドに発見・逮捕されたのである。この世紀の裁判は世界中の注目を集める。そして、高名な哲学者アーレントは自ら高級雑誌『ザ・ニューヨーカー』誌に記事執筆を申し出、イスラエルに裁判の傍聴に出かけた。そこで、「私は命令に従っただけだ」と繰り返すアイヒマンに、アーレントは反ユダヤの「凶悪な怪物」ではなく、善悪の判断を放棄した「凡庸な人間」を看取する。苦悩の末に彼女が『イェルサレムにおけるアイヒマン――悪の陳腐さについての報告』を発表すると、ナチス擁護、反ユダヤ的と抗議が殺到し、アーレントは長年の親友さえ失うことになる。それでも、彼女は自らの信念を貫き通す。生身のアイヒマンを直視し、われわれ自身にも潜む「悪の陳腐さ」、「悪の無思考性」を理解しなければならないと、彼女は訴える。その背景には、かつての恩師でもあり恋人でもあったマルティン・ハイデッガー（ハイデルベルク大学学長、『存在と時間』などの著者）の影があった。この高名な哲学者はナチスに入党し、ヒトラーを支持したのである。

アーレントが描くアイヒマン像は、丸山眞男がすでに東京裁判で分析していた日本の国家主義者像にも通じよう（「超国家主義の論理と心理」『世界』一九四六年）。また実際には、アイヒマンはかなりの反ユダヤ主義者であったという。それでも、この映画は、信念を貫き通す思想と言論の苦難と尊さを、正面から描いている。映画の巧みな語り口とともに、娯楽性とはほど遠い難解な作品に足を運ぶ日本の観客の質の高さにも、心からの敬意を表したい。

とりわけ、ラストでのアーレントの講義は印象深い。

ソクラテスやプラトン以来私たちは〝思考〟をこう考えます。自分自身との静かな対話だと。人間であることを拒否したアイヒマンは、人間の大切な質を放棄しました。それは思考する能力です。その結果、モラルまで判断不能となりました。思考ができなくなると、平凡な人間が残虐行為に走るのです。過去に例がないほど大規模な悪事をね。私は実際、この問題を哲学的に考えました。〝思考の嵐〟がもたらすのは、知識ではありません。善悪を区別する能力であり、美醜を見分ける力です。私が望むのは、考えることで人間が強くなることです。危機的状況にあっても、考え抜くことで破滅に至らぬよう。（岩波ホール発行のパンフレット収録のシナリオより）

当然、アーレントが指摘する思考の放棄は、反ユダヤと彼女を批判する人々にも該当する。

映画の中のホロコースト

『ハンナ・アーレント』の作中には、ナチスによるユダヤ人虐殺、ホロコーストは直接描かれていない。しかし当然、その背景をなしている。アイヒマン裁判でも、原告は六〇〇万人の、もはや声を上げることのできないユダヤ人だと、検事は告発している。

この人類史上まれに見る蛮行を最初に正面から扱った映画は、アラン・レネ監督『夜と霧』（一九五五年、フランス）であろう。この題名は、ヒトラーが一九四二年一二月七日に発した総統令「夜と霧」に由来する。わずか三二分のドキュメンタリーだが、撮影時のカラー映像と戦時中の白黒のニュース映像や写真を交差させ、その衝撃を高めた。あまりに残虐な映像であるとして、一九六一年の日本公開時には数分カットされたほどである。その映像とは対照的に、流麗な音楽が流れる。ナチスに抵抗した作曲家ハンス・アイスラーが、この音楽を担当していた。

私事にわたるが、筆者は数年前にポーランドのアウシュヴィッツ＝ビルケナウ強制収容所跡を見学する機会をもった。累々たる死者の眼鏡やカバン、寂寥たる有刺鉄線やゲートは、今でも忘れられない。イスラエルの国旗を掲げて見学コースを周る多くの若者などで、平日ながら混雑していた。

スタンリー・クレイマー監督『ニュールンベルグ裁判』（一九六一年）も、『ハンナ・アーレント』同様にホロコーストそのものを描いてはいないが、それに関わる裁判劇である。ヒトラー政権で司法大臣を務めた高名な法律家エルンスト・ヤニング（バート・ランカスター）らを裁く裁判で、他の被告が自己弁護に努める中で、かつてはドイツの良心とさえ目されたヤニングは、頑なに沈黙を守る。若いドイツ人弁護士（マクシミリアン・シェル）とアメリカ人検事（リチャード・ウィドマーク）との熾烈な舌戦に、高齢のアメリカ人裁判長（スペンサー・トレイシー）が静かに耳を傾ける。ナチスに夫を殺された貴族の未亡人（マレーネ・ディートリヒ）との、立場を超えた友情と淡い恋愛が、この裁判長には芽生えていた。

この間に、強制収容所の記録映像が法廷に流され、人々を絶句させる。ついにヤニングは沈黙を破り、自らの有罪を認める。裁判長が下した判決は、全員に無期懲役というものであった。ドイツを去ろうとするアメリカ人裁判長に、ヤニングは面会を求める。ヤニングは裁判長の判決に敬意を表しつつ、強制収容所のことは何も知らなかった、同じ法律家として、あなたにだけはそれを信じてほしいと訴える。温厚な老裁判長は静かに、しかし、毅然と答える。「あなたが最初に無実の人を有罪とした時に、すべては始まったのです」。ドイツ人俳優シェルにアカデミー主演男優賞をもたらした大作である。

ナチスによるユダヤ人のホロコーストを直接・間接に描いた映画は、実に枚挙に暇がない。なかでも最も有名な作品は、スティーヴン・スピルバーグ監督・脚本『シンドラーのリスト』（一九九三年）であろう。スピルバーグ自身がユダヤ人である。この映画は、ドイツ占領下の東欧で、ドイツ人実業家オスカー・シンドラー（リーアム・ニーソン）が一一〇〇人以上のユダヤ系ポーランド人を、自らが経営する軍需工場に必要だという名目で守ったという実話に基づいている。ユダヤ人の会計士役にベン・キングズレー（『ガンジー』でアカデミー主演男優賞受賞）、残酷なナチス将校役にレイフ・ファインズ（本作で同助演男優賞受賞、『イングリッシュ・ペイシェント』の主役）と重厚な配役で、ヤヌス・カミンスキーによる白黒映像も効果的である。さもなければ、三時間以上にわたって、リアルなホロコースト作品を鑑賞することは困難であろう。ただし、映画はシンドラーを美化しすぎている。実際の彼は妻を裏切って愛人をつくり、また、ユダヤ人から賄賂も受け取っていたという。こうした側面も描けておれば、「悪の陳腐さ」ならぬ「善の陳腐さ」、つまり、凡庸で罪深い人間がときには偉大な善をなすという、人生の不思議がより立体的になっていたかもしれない。

『シンドラーのリスト』から一〇年ほどのちに製作された、ロマン・ポランスキー監督・脚本『戦場のピアニスト』（二〇〇二年）も印象深い大作であった。ワルシャワのゲットーに住むユダヤ人ピアニストが、迫害を生き延びる物語で、この作品も映像が美しい。カンヌ国際映画祭でパルムドールを受賞した他、アカデミー賞でも監督賞、脚本賞、主演男優賞（エイドリアン・ブロディ）に輝いた。ポランスキーもまたユダヤ系ポーランド人であることは、言うまでもない。

もとより、強制収容所で命を奪われたのはユダヤ人だけではない。ブロードウェイの舞台を映画化した、ショーン・マサイアス監督『ベント／堕ちた饗宴』（一九九七年）の主人公は、ユダヤ人かつゲイである。強制収容所の中で、無意味な作業を強いられながら、二人のゲイは想像の中で愛撫し合う。「ベント」とは、英語で同性愛者への蔑称である。

より最近でも、スティーヴン・ダルドリー監督『愛を読むひと』（二〇〇八年）では、ケイト・ウィンスレットが強制収容所の元女性看守役でアカデミー主演女優賞を獲得した。この主人公は字が読めないという設定である。

筆者の印象に強く残った近作は、アンナ・ジャスティス監督『あの日あの時愛の記憶』（二〇一一年）である。かつて強制収容所を脱出した男女が戦後生き別れになるが、三〇年ぶりに再会するという物語である。女はアメリカに、男はポーランドに暮らしており、冷戦が二人を隔てている。

このように、ホロコーストに関する映画には秀作、佳作が多い。それだけ人間の根源に関わる出来事であったし、人類が決して忘れてはならない汚点である。しかし、それだけではない。スピルバーグやポランスキーをはじめ映画産業に多くのユダヤ系の有力者がいること、そして、彼らが優れた才能だけでなく、強い組織力や経済力をもっていることも無視できない要因である。たとえば、カンボジアのポル・ポト政権による虐殺も二〇〇万人もの人命を奪ったが、これを正面から扱った映画としては、筆者はローランド・ジョフィ監督『キリング・フィールド』（一九八四年）とドゥニ・ドー監督のアニメ『FUNAN フナン』（二〇一八年）以外に知らない。歴史の記憶や映画化にも、現在の力学が色濃く反映されているのである。

『ショア』の衝撃

「アウシュヴィッツ以降、ドイツ語で詩を書くことは野蛮である」という、ユダヤ系ドイツ人哲学者テオドール・アドルノの言葉は、文明に対するホロコーストの衝撃を、端的に物語っている。また、「神の前で、神とともに神なしに生きる」と、ドイツの神学者ディートリヒ・ボンヘッファーは、不条理にも希望をもって耐える覚悟を述べた。この若い天才はナチスへの抵抗運動に参加して、三九歳で処刑された。実は、アドルノはかつてナチスの機関紙に寄稿していたことが判明し、アーレントらの侮蔑を招いている。アドルノほどの才人にも、自己欺瞞という「凡庸な悪」が忍び込むのである。

クロード・ランズマン監督『ショア』（一九八五年）は、一一年の歳月をかけて撮影された、ホロコーストについてのドキュメンタリー大作であり、上映時間は九時間半にもなる。タイトルは、ヘブライ語で大災厄という意味である。ランズマンはこの作品で淡々と事実に歴史を語らせており、ホロコーストを伝説化するような『シンドラーのリスト』には批判的であった。確かに、証言者たちの沈黙や拒絶は、しばしばいかなる名演よりも雄弁である。この大作に登場するホロコースト生存者の多くも、今ではすでに世を去っていよう。実に貴重な映像である。学生たちと自宅で鑑賞したが、昼から始めて、食事や休憩を挟み、見終わった時には真夜中になっていた。肉体的にも精神的にも重い疲労感が残った。

戦後七〇年に当たる二〇一五年には、ホロコーストをテーマにした秀作が相次いで登場した。ネメシュ・ラースロー監督『サウルの息子』では、アウシュヴィッツ強制収容所のゾンダーコマンド（死体処理係の囚人）サウルが自分の息子の遺体を発見して（少なくとも、サウルはそう思い込み）、なんとかユダヤ教に則った埋葬をしようと苦悩する。ハンガリー映画としては、久々にカンヌ映画祭でグランプリを受賞した。

ラース・クラウメ監督『アイヒマンを追え――ナチスが最も畏れた男』は、アイヒマン逮捕に尽力した西ドイツの検事フリッツ・バウアーの物語である。一九五〇年代後半の西ドイツでは多数のナチス関係者が要路に就いており、バウアーの戦犯捜査を妨害しようとしていた。それでも、バウアーはイスラエル当局と協力して、アイヒマンを追いつめる。

ポール・アンドリュー・ウィリアムズ監督『アイヒマン・ショー――歴史を映した男たち』は、エルサレムでのアイヒマン裁判をテレビで全世界に中継した男たちを描いている。貴重な記録映像がふんだんに用いられている。

ミック・ジャクソン監督『否定と肯定』（二〇一六年）では、アメリカのユダヤ系歴史家がイギリスでホロコースト否定論者に名誉毀損で訴えられる。アメリカと異なり、イギリスでは訴えられた側が名誉毀損でないことを証明しなければならない。これも実話を基にしている。

二〇二一年に入っても、ペテル・ベブヤク監督『アウシュヴィッツ・レポート』（二〇二〇年）やドロン&ヨアブ・パズ監督『復讐者たち』（同）、エイリーク・スヴェンソン監督『ホロコーストの罪人』（同）など、実話に基づくユニークな作品の公開が続いた。アウシュヴィッツの内実を国際社会に告げようと脱走したスロバキアの若者たち、六〇〇万人のドイツ市民に復讐しようとするユダヤ人過激派とそれを阻止しようとするユダヤ人、そして、ノルウェーの国家秘密警察や「普通」の人々がホロコーストに加担する様子を、それぞれ描いている。トランプ再選の可能性を念頭に、世界各地での移民排斥や人種差別の潮流を暗に告発している。

ホロコースト以外では、第一次世界大戦中のトルコによる一五〇万人ものアルメニア人虐殺が、最近の映画で取り上げられている。ファティ・アキン監督『消えた声が、その名を呼ぶ』（二〇一四年）とテリー・ジョージ監督『THE PROMISE／君への誓い』（二〇一六年）である。ジョージ監督は『ホテル・ルワンダ』（二〇〇四年）でも知られる。ソ連の崩壊以降、アルメニアとトルコの対立は激化し、ヨーロッパ各国もトルコによるアルメニア人ジェノサイドを非難するようになった。アメリカでも、とくにカリフォルニアには多数のアルメニア系住民がおり（ロサンジェルスのタクシー運転手にはアルメニア系が実に多い）、二〇〇七年に下院外交委員会がジェノサイドへの非難決議を可決するに至った。トルコ政府はこれに反発し、アメリカとの間で外交問題にまで発展した。歴史問題に悩まされているのは、日本だけではないのである。

2　映画の中の文明と野蛮

短期間に、四時間前後の長編映画を二本鑑賞する機会があった。しかも、両者とも史実に基づく殺戮がテーマになっている。そして、その背景には民族対立がある。いずれも、文明と野蛮、人間の愚かさと残酷、そして、勇気と尊厳を考えさせる大作である。

『セデック・バレ』　まず一つは、ウェイ・ダーション監督『セデック・バレ』（二〇一一年）である。第一部「太陽旗」、第二部「虹の橋」からなり、あわせて二七六分、つまり、四時間三六分の巨編である。ダーション監督は『海角七号　君想う、国境の南』（二〇〇八年、台湾）で戦前の日本人教師と台湾人の女学生の愛を現代の恋愛と重ねて描き、一躍有名になった作家である。わずか三年でこれほど作風の異なる大作を仕上げるとは、驚かされる。『セデック・バレ』は台湾映画史上最高の予算を投じ、国内で主要な賞を総なめにした。

同じく台湾映画の名作、侯孝賢《ホウシャオシェン》監督の『非情城市《ひじょうじょうし》』（一九八九年）は、一九四五年八月一五日の昭和天皇による、いわゆる玉音放送から始まる。大日本帝国の崩壊が起点である。しかも、この映画が公開された年の一月には、その昭和天皇が崩御しているから、単に日本のみならず、アジアの近代史にとって昭和天皇がいかなる役割を果たしたのかを、重く問いかけることになった。

他方、『セデック・バレ』は、日清戦争の結果、台湾が中国から日本に割譲されるところから始まる。つまり、大日本帝国の勃興が起点である。こうして、日本は台湾を植民地とするが、台北など都市部はともかく、内陸部の掌握は容易ではなかった。山岳地帯を中心に、日本が蛮族と呼んだ、台湾の先住民族が割拠していたからである。セデック族もその一つである。彼らは先祖代々の狩場を守り、狩場を荒らす敵の首を狩って暮らしていた。彼らはこの首狩りを出草《しゅっそう》と呼び、出草した者は真の男（セデック・バレ）と認められて、額と顎に入れ墨を施される。野蛮といえば野蛮、未開といえば未開だが、団結力が強く勇敢である。セデック族の頭目の長男モーナ・ルダオ（青年期を演じたのはダーチン）も、出草によってセデック・バレになったばかりである。その頃、日本軍による内陸部の平定が本格化する。土地勘のない日本軍や軍警察は、蛮族の陽動作戦や奇襲攻撃に翻弄され、多数の犠牲者を出す。だが、数と装備に勝る日本側は、ついに蛮族を平定し、セデック族の頭目は落命し、モーナも囚われの身になった。

それから三五年を経た一九三〇年、壮年のモーナ（リン・チンタイ）にかつての覇気はなく、蛮族は日本の植民地支配に馴致され搾取されていた。当然、若者たちは「セデック・バレ」になることもできない。そんなある日、日本人警察官の横暴に怒りを爆発させた若者たちが、モーナに蜂起を求める。

民族の奪われたプライドを取り戻すために、全滅を覚悟しながら、モーナは周到に蜂起を計画し、六つの部族から三〇〇人を集めた。彼らは霧社《むしゃ》地域一帯の駐在所を襲い、学校の運動会を攻撃して、実に一四〇人の日本人を虐殺する。一九三〇年一〇月二七日に実際に起こった、霧社事件である。

やがて、日本軍と軍警察が事態の鎮圧に乗り出すが、モーナ率いる蛮族は手ごわく、死者が続出した。大砲や空爆も導入されるが、台湾守備隊司令の鎌田弥彦将軍（河原さぶ）は毒ガスの投下すら命じる。「奴らに文明を与えてやったのに、むしろ、奴らはわれわれを野蛮にさせる」と、将軍は悔しがる。モーナ率いる蛮族は対立する他の部族からも攻撃されて、ついには全滅していく。

残酷で壮大な悲劇である。かつてアメリカの神学者ラインホルド・ニーバーが論じたように、悲惨な結末を予期しながらその道を突き進むことが悲劇だとすれば、これは文字通りの悲劇であった。そして、この壮大な悲劇の中に、さらにいくつもの人間の業《ごう》が描かれている。まず、蛮族でありながら日本の教育を受けて巡査となった花岡一郎と二郎の兄弟（本名はダッキス・ノービンとダッキス・ナウイ）は、アイデンティティと忠誠心の葛藤の中で自殺した。また、セデック族の少年までが、日本人の教師や女性、子供を殺戮し、セデック・バレになる。さらに、蛮族に最も理解のあった小島巡査（安藤政信）は霧社で妻と子供を殺され、最も残酷で執拗な復讐者に変貌する。

霧社事件を題材にしたこの作品は、歴史上のすべての帝国がそうであったように、大日本帝国が大量の流血の上に成立していたという当たり前の事実を、改めて想起させる。そして、台湾は親日的といった一面的な認識は、根底から揺さぶられる。台湾の映画はしばしば日本の植民地統治を描いてきたが、日本映画にはおよそそうした歴史的射程が欠けているのではなかろうか。逆に、出征する日本人教師を見送ろうとした蛮族の娘サヨンが事故で亡くなった話を美談にした『サヨンの鐘』が、西條《さいじょう》八十《やそ》作詞、古賀政男作曲の歌（一九四一年）や映画（一九四三年、監督は実に清水宏、主演は李香蘭《りこうらん》）として残っているぐらいであろう。

他方で、蜂起するモーナたちはたしかに勇敢で精強である。鎌田将軍ですら、彼らに「大和民族がすでに失った武士道の精神」を看取する。しかし、日本軍のそれと同様に、彼らの所業も凄惨をきわめる。しかも、蛮族の女たちは男たちの無謀な戦いに涙しながらも、彼らの足手まといにならぬよう、静かに自死していくのである。セデック・バレは決して単純に美化されてはいないのである。

『天国の門』

文明と野蛮が錯綜する悲劇は、アメリカ史にも数々生じている。ジョンソン郡事件もその一つであり、これを大胆に脚色したのは、マイケル・チミノ監督の『天国の門』（一九八〇年）である。こちらもデジタル修復の完全版は二一六分という大作である。

そもそも、この映画はハリウッド史上曰く付きの大作である。チミノ監督はベトナム帰還兵の苦悩を描いた『ディア・ハンター』（一九七八年）で国際的な声望をえた。その彼が実に四四〇〇万ドル（当時のレートで八八億円）の巨費をかけて製作したものの、興行収入はわずかに三五〇万ドルで、チャールズ・チャップリンやメアリー・ピックフォード、ダグラス・フェアバンクスらが結成した名門ユナイテッド・アーティスツを倒産に追い込んだのである。結果として、この反資本主義的な作品は、ハリウッドでの大資本の支配を加速化する手助けをした。

さて、映画は一八七〇年のハーヴァード大学の卒業式から始まる。まさに文明の中心である。「イェールとハーヴァードの体育大会」や「アムハーストを打倒しろ」といった壁紙が見受けられる。アムハーストとは、ハーヴァードと同じマサチューセッツにある名門の小規模リベラル・アーツ大学（学部教育に特化した大学）で、筆者の所属する同志社の創立者・新島襄は一八六八年にアムハースト大学に入学している（伝統的に、同志社ではアーモストと標記する）。新島は日本人として初めて大学を卒業した人物である（当時の日本国内には、まだ大学は一つもなかった）。一八七〇年なら、彼もまだアムハーストに学んでいた頃である。当時のアメリカ北東部のピューリタニズムに、新島も「キリストの光の中心地」を強く感じていた。だからこそ、「日本のアーモスト」たらんとして、帰国後に私学の同志社を創立したのである。

ちなみに、脇役ながら、この卒業式で式辞を述べるハーヴァード大学の学長役は、キャロル・リード監督の名作『第三の男』（一九四九年）で知られる、ジョゼフ・コットンである。一九世紀後半のアメリカの知識人の風格を、うまく表現している。年代からして、高名なチャールズ・エリオット学長ということになろう。

それから二〇年後、舞台はワイオミング州のジョンソン郡に転じる。ワイオミング州は全米で最も人口の少ない州（現在、五八万人）であり、チェイニー元副大統領の地元である。西部開拓の文脈では、文明と未開の境界といえようか。かつてのハーヴァードの卒業生ジム（クリス・クリストファーソン）は保安官として同地に赴任している。同窓のフランク（サム・ウォーターストン）らは地元の大牧場主で、彼らの協会は東欧からの大量の移民を嫌い、彼らを牛泥棒として粛清すべく、ならず者を集めてジョンソン郡に向かってくる。知事さえも彼らの味方で、軍隊は救援に駆けつけられない。いわば合法的な集団リンチである。保安官は酒場の主人（ジェフ・ブリッジス）らと移民たちを守るべく、必死の抵抗を試みるのだった。これに、売春宿の女主人（イザベル・ユペール）や殺し屋（クリストファー・ウォーケン）らアウトサイダーが絡む。

このジョンソン郡事件は、西部劇の古典、ジョージ・スティーヴンス監督の『シェーン』（一九五三年）の背景にもなっていることは、よく知られる。実際には、数人の死者を出しただけで新移民の大量虐殺には至らなかったという。それでも、西部開拓史の一大汚点であることは間違いない。新島襄が信じた「キリストの光」は、ここには遠く及んでいない。

また、西部劇は白人中心の歴史を美化する補強装置だが、一九六〇年代末から七〇年代初頭にかけて、それに対する異議申し立ても起こっていた。サム・ペキンパー監督『ワイルドバンチ』（一九六九年）などをご記憶であろうか。いわゆる西部劇修正主義（リビジョニズム）であり、本作もその一環である。最も文明的であるはずの人々が私利私欲と偏見から野蛮になり、逆に、アウトサイダーたちは最後まで人間味を失わない。

やや図式的ではあるが、ジョン・フォードなら絶対に作らなかった映画であろう。「ジョン・フォード」といえば、倦むことなく一つの物語を語り続けた人物、生成過程のアメリカ国民のサガを語った人物であり、そうすることによって彼は、ホメロスがギリシアの戦士や司令官や神々を歌うことでギリシアを作り上げたように、アメリカ国民を作り上げたのである」と、フランスの映画研究者ジャン＝ミシェル・フロドンは指摘している（野崎歓訳『映画と国民国家』岩波書店、二〇〇二年）。とすれば、チミノはアメリカの脱神話化を図り、それゆえに興業的には大失敗を喫したのであろう。

しかし、それでもこうした歴史上の事件をテーマにする映画作家がおり、その作品が数十年を経て修復され多くの観客をえることに、まだまだ希望を見出せるように思えてならない。

西部劇のポスト修正主義

先述のホロコーストが二〇世紀最悪の蛮行であったとすれば、おそらく、アメリカの黒人奴隷制度は一九世紀最悪の蛮行の一つであろう。そして、それは一九世紀最大の戦争である南北戦争をもたらしたのである。後述のように、最近では、黒人奴隷制度の暗部を正面からテーマにした映画が数多く登場している。アメリカ史をさらに遡ると、文明と野蛮という二分法による蛮行として、ネイティヴ・アメリカンの迫害がある。ネイティヴ・アメリカンを虐殺した上で狭隘な居留地に隔離した西部開拓の手法を、ヒトラーが「生存権《レーベンスラウム》」の手本にしたことは、今日ではよく知られている。西部劇修正主義はこうした虐殺と差別を糾弾してきたが、より深みのある映画も現れつつある。

スコット・クーパー監督『荒野の誓い』（二〇一七年）では、フロンティアが消滅し西部開拓がほぼ終了した一八九二年に、退役を前にしたベテランの米軍大尉が病に冒されたシャイアン族の酋長とその家族を郷里のモンタナまで護送するように命じられる。大尉は多くの「インディアン」を殺してきたし、多くの仲間を失ってきた。酋長も数々の米兵を殺し、自らの部族はほぼ絶滅した。お互いを憎みながら、旅を通じて相互の信頼と敬意が芽生える。大尉は戦争がいかに人間を変えてしまうかを東部から来たジャーナリスト（彼は文明を代表している）に反論し、また、自分は神を信じるが、「神は長い間このあたりの状況を見ていない」と語る。「神の前で、神とともに神なしに生きる」という先述のボンヘッファーの言葉が思い出される。映画の原題はHostilities、つまり敵意である。フォード作品や『シェーン』など伝統的な西部劇へのオマージュを盛り込みつつ、西部劇修正主義をも乗り越えようとするポスト修正主義の試みであろう。

伝統的見解に左から修正主義が反論し、よりバランスのとれたポスト修正主義が登場するという流れは、歴史研究にも見られる展開である。たとえば、冷戦の起源をめぐっては、ソ連の拡張主義にその原因を求める伝統的見解から、ベトナム戦争を経て、アメリカの帝国主義的政策に原因があったとする修正主義が台頭し、やがては、米ソ双方の野心や誤解を分析したポスト修正主義が登場したのであった。

3　映画の中の反政府運動指導者たち

一〇〇年以上にわたって、ハリウッドが大統領を描き続けてきたことは、すでに論じた。大統領はアメリカ民主主義の象徴であり、民主主義と映画はともに大衆を前提とし、「数が力」となる世界であり、すぐれてアメリカ的な営為である。アメリカが南北戦争を乗り越えて統一を保持し、「人民」から「国民」に生まれ変わってほどなく、映画が誕生した。アメリカと民主主義、映画は相似形をなしている。「アメリカ映画、この同義反復」と喝破した論者もいる。

それに比べて、日本映画が総理大臣をはじめとする政治家を正面から描くことを避けてきたことにも論及した（戦前は政治的に困難であり、戦後はその魅力に乏しかった）。それでも、主として左翼的視点からではあるが、優れた政治映画は日本にも数多く存在する（筒井清忠氏が指摘するように、これらの作り手たちの多くは、かつて国策映画に関与していた。戦前と戦後の日本映画の政治性に共通するのは、「反米」である）。日本映画は、コンテント（内容）ではなく、コンテクスト（文脈）やインテント（意図）を通じて、より微妙に政治と向き合ってきたといえよう。

それでは、日米以外で、大統領や首相ではなく、しかも、権力に抗う政治家たちは、どのように描かれてきたのであろうか。最近、アンジェイ・ワイダ監督『ワレサ――連帯の男』（二〇一三年）とジャスティン・チャドウィック監督『マンデラ――自由への長い道』（二〇一三年）を続けて鑑賞したので、今回はこの点についてふり返ってみようと思う。

帝国に抗して

まず、大英帝国に抵抗した二人の政治家の映画を瞥見しよう。国内では議会制民主主義の制度をいち早く確立しながら、多くの植民地を支配していたという意味で、大英帝国は政治的抵抗の格好の標的であった。そして、帝国内でイギリスが最も熾烈に搾取し、それゆえ強烈な抵抗を蒙った植民地は、アイルランドとインドであったろう。

とくにイギリス本国との距離的近接という意味で、イギリスとアイルランドとの関係は、日本と朝鮮半島とのそれにしばしば比較される。当然、距離が近いほど搾取は濃密になる。

ニール・ジョーダン監督『マイケル・コリンズ』（一九九六年）は、アイルランド共和軍（ＩＲＡ）の指導者マイケル・コリンズ（リーアム・ニーソン）の半生を描いている。アイルランドでは、自国製作の映画としては最も興行収入の高かった作品であり、また、ヴェネチア国際映画祭でも金獅子賞を受賞している。この映画では、コリンズともう一人の指導者エイモン・デ・ヴァレラ（アラン・リックマン）との対立が軸になっており、コリンズの暗殺にデ・ヴァレラが関与していたことが示唆されている。おそらく、こうした描写は誇張がすぎるが、抵抗運動内での主導権争いの凄惨さや政治的妥協の困難を告げていよう。生き残ったデ・ヴァレラはのちにアイルランドの初代首相、そして第三代大統領を務める。また、ブラック・アンド・タンズ（イギリスが雇った凶暴な私兵隊）がクローク・パーク競技場で民間人を無差別虐殺するシーンは、壮絶である。二〇〇七年二月二四日に、この競技場でアイルランド対イングランドのラグビー試合が平和裏に行われたことは、歴史的和解ですらあった。

イギリスにとって最重要の植民地、それがインドであった。イギリス国王はインドの皇帝を兼務していた。インドは「国王の王冠にはめ込まれた最大の宝石」とも呼ばれた。このインドで非暴力による独立運動を指導した「インド独立の父」が、マハトマ・ガンジーである。リチャード・アッテンボロー監督『ガンジー』（一九八二年）は、彼の半生を描いた三時間の大作である。アカデミー作品賞、監督賞、主演男優賞、脚本賞、撮影賞、美術監督・装置賞、衣装デザイン賞、編集賞に輝いた。とりわけ、主演のベン・キングズレーはガンジーと瓜二つの外見で、まさに名演であった。彼はイギリス人だが、インド人の血を引いている。二〇〇一年には、ナイトの称号を授与された。他にも、ジョン・ギールグッドやトレヴァー・ハワード、エドワード・フォックスら、イギリス映画界の名優が、この『ガンジー』には多数出演した。また、三〇万人ものエキストラを動員したことでも話題になった。ガンジーの歴史的偉大さにふさわしいスケールといえよう。

イギリスのアイルランドやインドに対する支配は過酷だったが、少なくとも、イギリス映画は大英帝国への反抗者を正面から描いてきたのである。

他にも、帝国に反逆した歴史上の人物としては、中華帝国（清朝）に対する孫文がいる。デレク・チウ監督『孫文——一〇〇年先を見た男』（二〇〇六年）などで、繰り返し描かれている。とくに、主役のウィンストン・チャオ（台湾出身）は何度も孫文を演じている。中国にとっても台湾にとっても、孫文は描きやすい偉人なのである。

よりマニアックなところでは、一九七九年に北朝鮮が製作した『安重根と伊藤博文』という作品がある。安は大日本帝国への反逆者である。もちろん、伊藤は極悪に描かれている。作中、彼もずっと朝鮮語で話しているのだが、安に狙撃され絶命する時だけ、なぜか日本語で「やられた」とつぶやく。日本語は敗北にこそ似合うという趣向であろうか。

イ・シミョン監督『ロスト・メモリーズ』（二〇〇二年）は韓国のエンターテインメント映画で、いわゆる仮想歴史（ヴァーチャル・ヒストリー）である。安が伊藤の暗殺に失敗し、日本はアメリカと同盟を組んで第二次世界大戦に参戦したため、一九六〇年に日本は国際連合の常任理事国になり、八八年には名古屋オリンピックが開催される（もちろん、実際にはソウル・オリンピック。名古屋も候補地だったが敗れた）。朝鮮半島は日本帝国に支配されたままである。この歴史の歪みを正そうとする韓国人とそれを阻止しようとする日本人との戦いが展開される。SF映画の中でならいいが、日本にも韓国にも、歴史を都合よく書き換えようとする人たちがいるから難儀なことではある。

次いで、より過激な革命家たちである。

革命家たち

まず、古くはエリア・カザン監督『革命児サパタ』（一九五二年）を思い起こす。原作はジョン・スタインベックである。メキシコ革命で活躍したエミリアーノ・サパタの半生を描いている。『怒りの葡萄』にしろ、スタインベックは大衆の怒りを描くことを得意とした。そして、主人公のサパタを演じたのが、マーロン・ブランドである。アカデミー主演男優賞こそ逃したものの、イギリス・アカデミー賞、そして、カンヌ国際映画祭で最優秀男優賞を獲得した。歴史上の人物といえば、翌五三年の『ジュリアス・シーザー』でブランドはマルクス・アントニウスを演じているから、権力者打倒の役はお手のもののようである。五四年の『波止場』（エリア・カザン監督）でも町のボスに反旗を翻す元ボクサー役を好演して、ついにアカデミー主演男優賞を獲得した。

『革命児サパタ』では、サパタやその兄（アンソニー・クイン）はディアス大統領を追放して、サパタが大統領になる。しかし、反権力と権力行使は別物であり、やがてサパタは失望して故郷に帰る。だが、兄は権力に固執して、農民に殺害されてしまう。さらに、サパタも仲間に裏切られて殺されてしまう。だが、これによって、かえって彼は民衆の英雄として伝説化するのである。権力者にとって、裏切りと嫉妬は魔物である。本作は、クインにアカデミー助演男優賞をもたらした。

より最近では、キューバ革命を舞台にしたスティーヴン・ソダーバーグ監督の長編『チェ』（二〇〇八年）がある。前編と後編からなり、前編「28歳の革命」は一三二分、後編「39歳　別れの手紙」は一三三分である。主役のチェ・ゲバラをベニチオ・デル・トロが演じて、カンヌ国際映画祭で主演男優賞を獲得した。

ゲバラといえば、キューバのみならず、革命を夢見る世界中の若者のヒーローであった。サパタと兄の関係が、ゲバラとカストロの関係に相当するのかもしれない。この作品はキューバの首都ハバナでも公開されたが、当時、アメリカ政府はキューバと国交を樹立していなかったことから、キューバでの撮影を許可せず、そのためスペインやボリビアで撮影されたという。現実の国際関係が映画製作にも浸潤している。

ワレサとマンデラ

さて、ワイダ監督の『ワレサ』である。ワイダは自らの父の命を奪ったカティンの森事件を『カティンの森』（二〇〇七年）で描くなど、戦後のポーランド史と向き合ってきた。ワイダは『地下水道』（一九五六年、カンヌ国際映画祭審査員特別賞）や『灰とダイヤモンド』（一九五八年、ヴェネチア国際映画祭国際批評家連盟賞）でポーランドの抵抗運動や内戦を描き、映画史に名を刻んでいる。彼は一九二六年生まれだから、『ワレサ』製作時ですでに八七歳であった（二〇一六年に九〇歳で死去）。ポーランドの民主化を先導したワレサを描くことで、自らの芸術活動に有終の美を飾ろうとしたのかもしれない。当のレフ・ワレサは一九四三年生まれだが、一九九〇〜九五年にポーランドの大統領を務めたのちは、政治の表舞台には登場していない。

国際政治を勉強しているはずの筆者のゼミ生たちに尋ねても、ワレサの名前にとっさに反応する者は意外なほど少ない。この映画でワレサを演じたロベルト・ヴィエンツキェヴィッチが、これまた本人にそっくりである。筆者がいくら驚嘆しても、ワレサ自身を知らない学生たちには通じない。だが、家族や仲間を愛する普通の電気職人が、悩みながらも権力と駆け引きを展開して指導者に成長していく様を、ヴィエンツキェヴィッチは見事に演じている。

チャドウィック監督『マンデラ』も力作で、イドリス・エルバ演じるマンデラと彼の後妻ウィニー（ナオミ・ハリス）が愛し合いながらも、やがて政治的路線で対立していく様子が鮮明に描かれている。若い日のマンデラの女性遍歴のエピソードなども盛り込まれ、人間マンデラを描こうとはしているのだが、総じてマンデラが立派すぎるために、人物造形に深みがない。それよりも、感情的なウィニーの存在感が圧倒している。

思えば今から三〇年以上前の一九八九年に、日本では昭和が終わり、ヨーロッパではベルリンの壁が壊れた。そして、中国では天安門事件である。その頃、ポーランドでは初の自由選挙が実施され、南アフリカではマンデラがフレデリック・デクラーク大統領と会談していたのである。この三〇年の国際政治の激動を改めて痛感する。

ふりかえって、ガンジーやマンデラ、ワレサとは異なり、日本で帝国や天皇に内部から抗った人々は、ことごとく挫折してきた。鈴木清順監督『けんかえれじい』（一九六六年）では、主人公の若者が国家社会主義者の北一輝と出会い、吉田喜重監督『エロス＋虐殺』（一九七〇年）では、大杉栄が愛人たちと奔放な関係を繰り広げる。より最近では、瀬々敬久監督『菊とギロチン』（二〇一八年）がアナーキスト集団のギロチン社を、イ・ジュニク監督『金子文子と朴烈』（二〇一九年、韓国）が二人のアナーキストの愛を描いている。彼らを待っていたのは刑死や獄死であり、映画的には、そのタナトスがエロスを誘う。

女性や黒人の反逆児

その後、マルガレーテ・フォン・トレッタ監督『ローザ・ルクセンブルク』（一九八五年）を観る機会があった。トレッタは『ハンナ・アーレント』の監督でもある。ルクセンブルクはポーランド出身の革命家で、二〇世紀初頭のドイツで活躍したが、第一次世界大戦後の白色（右翼）テロで殺害され、その遺体は運河に投げ捨てられた。「母親になるか革命家になるかを選べ。思想こそが君の子供だ」と、恋人はローザに語った。だが、その恋人にも同志たちにも、ローザは裏切られる。

ラウル・ペック監督『マルクス・エンゲルス』（二〇一七年）も登場した。ドイツの思想家カール・マルクスとイギリスの実業家の息子フリードリヒ・エンゲルスの出会いと友情を描いた作品である。無政府主義者のピエール・プルードンやミハイル・バクーニンらも登場し、さながら一九世紀前半のヨーロッパ革命思想史の教科書の観がある。

ペックはハイチ出身の黒人で、アメリカの黒人作家ジェームズ・ボールドウィンを題材にしたドキュメンタリー『私はあなたのニグロではない』（二〇一六年）も手がけている。「近い将来に黒人の大統領が誕生するだろう」と、一九六〇年代半ばにロバート・ケネディ上院議員は予言した。これに対して、この特権階級出身の若い政治家は「従順にしていれば黒人も大統領にしてやろう」と述べたのだ、とボールドウィンは痛烈に批判している。それからほぼ半世紀後に、バラク・オバマが大統領になった。オバマもボールドウィンの愛読者である。この映画では、黒人俳優のサミュエル・Ｌ・ジャクソンがナレーションを務め、マルコム・Ｘやマーティン・ルーサー・キングらの記録映像も用いられている。

スパイク・リー監督『マルコムＸ』（一九九二年）では、黒人の人気俳優デンゼル・ワシントンが主役を力演していた。ちょうど、黒人の若者ロドニー・キングに対する白人警察官の暴行が一因となって、ロサンジェルスで黒人による大規模暴動が起こった頃であった。この暴動では六三人が死亡し、一〇億ドルの損害が出た。冷戦が終わり、アメリカは社会的な亀裂を深めながら内向きになりつつあったのである。それからさらに三〇年近くのちに、ブラック・ライブズ・マター（ＢＬＭ）の運動が、嵐のように全米を覆うことになった。

第3章　権力と抵抗の狭間

1　映画の中の権力者と芸術家

映画の中の千利休

今回は、権力者と芸術家の関係について考えてみよう。たとえば、二〇一三年には『利休にたずねよ』と『ルートヴィヒ』が同時期に公開された。とくに、前者は市川海老蔵の好演もあって、世評が高かった。モントリオール世界映画祭で最優秀芸術貢献賞も受賞した。

権力は芸術を利用し、芸術もパトロンとして政治を利用する。政治学者の橋川文三の言葉を借りれば、政治と芸術はともに想像力や表現力を用いた「人間精神の幻想的な修辞学」である（これを掘り下げたのが、田中純の大著『政治の美学――権力と表象』〔東京大学出版会、二〇〇八年〕であった）。しかし、両者の関係はしばしば破綻する。権力は自らに都合のよい秩序を求め維持しようとするが、芸術は創造のために既成の秩序を揺さぶり時には破壊しようとするからである。

「芸術家は、すべてを超越するからこそ、存在理由があるのである。芸術家にとっての権力者は、自分の考えを実現するに自分一人では不可能な場合、それに手を貸してくれる存在にすぎない。芸術家は、善悪の彼岸にしかない自己の世界での絶対の優位を確信しているから、権力者の前に平然とひざを屈するのである」と、塩野七生は喝破している（『男の肖像』文春文庫、一九九二年）。

日本史にその例を辿れば、古くは能楽の大成者、世阿弥《ぜあみ》であろうか。足利幕府の将軍義満に寵愛されるものの、代が替わって義教が将軍になると迫害され、ついには佐渡島に流刑となった。鹿島建設会長だった鹿島守之助が企画し、白洲正子を案内役に、梅若六郎（五五世）ら多くの能楽師が出演した『世阿弥』（一九七四年）は、幻の名作映画とされる（二〇一九年に神戸市の湊川神社で上映された由だが、筆者は見逃してしまった）。政財界の大物が企画したという意味で、この映画そのものが権力と芸術との共演である。

江戸時代の初期に活躍した本阿弥光悦《ほんあみこうえつ》は、「寛永の三筆」の一人であり、陶芸家、茶人としても知られたマルチ芸術家である。彼は後水尾《ごみずのお》天皇の庇護を受けながら、徳川家康とも親しかった。内田吐夢《うちだとむ》監督『宮本武蔵　一乗寺の決斗』（一九六四年）では、名優・千田是也《せんだこれや》が光悦を演じ、中村錦之助の武蔵を励ます。千田はドイツで共産党に入党したほどの左翼俳優だが、山県有朋の側近だった陸軍大将の古荘幹郎《ふるしょうもとお》や歌舞伎役者の三代目坂東壽三郎、画家の中川一政を義兄にもつ。やはり、権力と芸術との関係は複雑である。

さて、千利休である。一九八九年には、利休を主人公にした映画が、筆者の知るかぎりでも二本公開されている。それもそのはずで、利休の没後四〇〇周年であった。いずれも名作である。

まずは、勅使河原宏《てしがはらひろし》監督『利休』である。原作は野上彌生子の『秀吉と利休』、脚本は勅使河原と赤瀬川原平《あかせがわげんぺい》、美術は西岡善信、音楽は武満徹、衣装デザインはワダエミと、豪華な顔ぶれである。勅使河原は草月流《そうげつ》三代目家元にして前衛芸術家であり、共産党の武装闘争路線に参加したこともある。また、野上は日本共産党委員長の宮本顕治・百合子夫妻と交流があった。権力と芸術を描くには、理想的な面々であろう。そして、主人公の利休を三國連太郎が演じ、秀吉には山崎努が扮した。二人の演技派俳優の真剣勝負である。『利休にたずねよ』と同じく、本作は、モントリオール世界映画祭で最優秀芸術貢献賞を受賞した他、ベルリン国際映画祭でもフォーラム連盟賞を受賞している。モントリオールは利休がお好きとみえる。

利休と秀吉の関係悪化には、秀吉の側近・石田三成が大いに関わっていた。その三成を演じたのが、坂東八十助《ばんどうやそすけ》（のちの三津五郎《みつごろう》）である。彼以外にも、織田信長に松本幸四郎（現在は二代目松本白鸚）、徳川家康に中村吉右衛門、細川忠興に中村橋之助（現在は八代目中村芝翫）と、顔見世さながらに歌舞伎俳優が多数出演している。さらに、前進座の嵐圭史、能楽の観世栄夫も登場する。茶の湯の様式美を飾る、まことに贅沢な配役であった。しかも、勅使河原監督もカメオ出演しているのである。

もう一作は、熊井啓監督『千利休　本覺坊遺文』である。こちらは、ヴェネチア国際映画祭で銀獅子賞を受けている。原作は井上靖の『本覺坊遺文』、脚本は大御所の依田義賢《よだよしかた》である。

利休役は三船敏郎で、奥田瑛二演じる本覺坊（利休の高弟）の回想で、物語が進む。同じく利休の高弟だった織田有楽斎《おだうらくさい》と古田織部《ふるたおりべ》には、萬屋錦之介（中村錦之助）と加藤剛がそれぞれ扮している。そして、利休と対峙した秀吉には、ベテランの芦田伸介が配されている。しかし、三船の利休と芦田の秀吉の対決よりも、同じ年に利休を演じた三國と三船の二人の利休の競合のほうが、多くの観客には興味深かったのではなかろうか。

なぜ利休や織部、さらには、山上宗二《やまのうえそうじ》（上條恒彦）といった茶人たちが切腹に追いやられたのか。「その経過が推理小説的にすこぶる興味深い。暗いムードの場面を基盤に重々しく古風な格調を盛ることに成功した演出も称賛に値する」とは、双葉十三郎《ふたばじゅうざぶろう》の評である（『日本映画　ぼくの三〇〇本』文春新書、二〇〇四年）。そう、権力者にも芸術家にも謎が必要だし、実際に茶室は暗いものである。

そして、いよいよ田中光敏監督『利休にたずねよ』が登場する。原作は山本兼一による直木賞受賞の同名小説である。海老蔵が利休を演じ、父の團十郎が師の武野紹鷗《たけのじょうおう》に扮した。團十郎は二〇一三年になくなったから、本作が遺作、最後の親子共演である。また、秀吉役は大森南朋であった。

総じて、よくできていると思う。海老蔵は利休を演じるには若すぎるが、それでも落ち着いた好演である。中村勘三郎亡き後の梨園の期待を一身に背負った主演ぶりであり、また、宣伝ぶりであった。利休の美学の原点が、若き日の悲恋であったという創作も巧い。とりわけ、茶の湯愛好家には、名物茶器の登場がうれしい。

しかし、「美は私の決めること」という決め台詞が示すように、既成の美が提示され、観客にそれほど解釈の余地を与えない。利休に対する秀吉の嫉妬と恐怖についても、もう少し謎がほしかった。また、若き日の秀吉が十分訛っているのに対して、美しい利休は奔放な若者時代にも堺の訛りをもたない。たおやかな堺の町衆の言葉もまた十分に美しかっただろうと、想像を巡らせてみる。

ルートヴィヒとワーグナー

さて、次にドイツはバイエルンの「狂王」と呼ばれたルートヴィヒ二世と作曲家リヒャルト・ワーグナーとの関係である。これについては、ルキノ・ヴィスコンティ監督『ルートヴィヒ――神々の黄昏』（一九七二年）があまりにも有名である。筆者も高校時代に神戸の映画館で観て、その豪華絢爛に圧倒された記憶がある。

ヴィスコンティはミラノの公爵家の末裔であり、イタリア共産党の党員でもあった人物であり、「赤い貴族」と呼ばれた。権力と芸術の関係は、彼自身の内面的葛藤を反映していよう。また、ルートヴィヒを演じたヘルムート・バーガーはヴィスコンティと愛人関係にあり、ここには別のパトロン関係が存在した。偉大なパトロンの死後は、バーガーは作品にも恵まれなくなった。それでも、一九八八年には『ルートヴィヒ』で描かれなかった晩年のエピソードを中心とした『ルートヴィッヒ１８８１』（一九九三年）で、バーガーは二一年ぶりにこの王を演じた（残念ながら、筆者はこれも未見）。

タイトルからも明らかなように、『ルートヴィヒ』の主役は国王という権力者の側であり、芸術家ワーグナー（トレヴァー・ハワード）は脇役である。芸術家のほうがはるかに老獪で、ナイーブな若い権力者を支配しようとする。しかも、バイエルンの国王は、大国プロイセンの覇権にも悩まされている。この権力者は誰よりも繊細なのである。それゆえ、権力の行使にみごとに失敗し、廃位に追い込まれ自殺を選ぶ。「私は永遠の謎でありたい」と、ルートヴィヒは語っている。

そのルートヴィヒを再び正面から取り上げたのが、ピーター・ゼア、マリー・ノエル監督・脚本『ルートヴィヒ』（二〇一二年）である。しかし、四〇年前のヴィスコンティ作品には、はるかに及ばない。たしかに、壮大な映像である。しかし、およそ荘厳ではない。また、あまりにも直截に、音楽が登場人物の心理を描写しようとしている。やはり、観客に解釈の余地が乏しい。

何よりも、ルートヴィヒの描き方が皮相である。ここでは、単に優柔不断な若い夢想家が登場するにすぎない。「永遠の謎」どころではない。ワーグナーとの関係も、エディプス・コンプレックスを前面に押し出した描写になっている。そこには、権力者と芸術家との駆け引きや葛藤はない。しかも、若く美しいルートヴィヒと晩年の醜い中年の廃王を、別の俳優が演じているのも、興ざめである。むしろ、ワーグナーの側から描けば、ヴィスコンティ作品とは一味違った映画になったであろう。

二一世紀の今日も、権力者は芸術家を利用しようとするし、芸術家も権力者を利用しようとする。しかし、大衆民主主義社会では、権力者は優れた芸術家のみならず、人気のあるセレブリティ（著名人）をも利用しようとする。そのため、タレント政治家が跋扈するが、他方で、地球規模で環境問題や人権問題に取り組むセレブも登場している。今日では、一部の独裁国家は別にして、権力者といえども芸術家に死を命じることはない。だが、その権力者やセレブたちの生殺与奪の権を握っているのは、実は世論であり大衆である。この匿名の世論に一見はひれ伏してみせても、内面の自立を維持できる者こそが、利休やワーグナー、勅使河原や熊井、そしてヴィスコンティの系譜を継ぐ、真の芸術家なのであろう。

ナチスと絵画、ソ連とバレエ、そしてミシマ

ヒトラーは芸術家気取りだったが、ナチスは芸術のもつ政治的・経済的価値を十分に理解していた。ジョージ・クルーニー監督『ミケランジェロ・プロジェクト』（二〇一四年）は、ナチスが奪った美術品を奪還する米軍部隊「モニュメント・メン」の活躍を描いている。

サイモン・カーティス監督『黄金のアデーレ――名画の帰還』（二〇一五年）は、「オーストリアのモナリザ」とも呼ばれるグスタフ・クリムトの名画「黄金のアデーレ」をめぐる実話に基づく。この名画もナチスに奪われ、戦後はオーストリア政府の所有になっていたが、名画を奪われたユダヤ人富豪の遺族がアメリカで返還請求の訴訟を起こした。「黄金のアデレーレ」の市場価格は一〇〇億円を超えたし、オーストリア政府の戦争責任も問題にされた。一九九八年のワシントン宣言では、参加国の公立施設が三三～四五年までに所蔵したすべての美術品の入手経路の調査を義務づけている。

さらに、クラウディオ・ポリ監督『ヒトラーvs.ピカソ』（二〇一八年）は、ナチスによる六〇万点もの美術品略奪と、今でも続く奪還の戦いを描いたドキュメンタリー作品である。ヒトラーにはヒルデブラント・グルリットという専任の美術商がおり、彼と家族が隠蔽した絵画コレクション約一五〇〇点が二〇一二年に発見された。

パブロ・ピカソの名画「ゲルニカ」がナチスによるゲルニカ空爆をテーマにしていることは、よく知られる。昔読んだジョークを一つご紹介しよう。ナチス高官が「ゲルニカ」を前にピカソに尋ねた。

「これがあなたのお仕事ですか」ピカソ曰く「いいえ、これはあなたがたのお仕事です」。

ロシアはバレエ大国である。専制君主たちがバレエを愛したからだという。その伝統はソ連にも継承され、共産党政権はバレエを大いに政治利用した。テイラー・ハックフォード監督『ホワイトナイツ／白夜』（一九八五年）は、ソ連からアメリカに亡命したバレエ・ダンサーが、飛行機の不時着のためにソ連に拘束され、再び亡命を試みる物語である。米ソの新冷戦を背景に、ソ連共産主義体制の冷酷さを描いている。

レイフ・ファインズ監督『ホワイトクロウ――伝説のダンサー』（二〇一八年）は、実際に一九六一年にパリで亡命したソ連の天才ダンサー、ルドルフ・ヌレエフの物語である。クルード・ルルーシュ監督の長大な『愛と哀しみのボレロ』（一九八一年）にも、この亡命がエピソードとして挿入されている。

パベウ・パブリコフスキ監督『COLD　WAR――あの歌、2つの心』（二〇一八年）は、一九四〇年代後半から六〇年代までのポーランドを舞台に、冷戦に引き裂かれた音楽家と歌手との恋愛を描いている。「2つの心」とは、主人公の歌うポーランドの民謡である。二人の悲哀が、ロシア（ソ連）とドイツという大国に挟まれたポーランドの悲哀に重なる。

戦後日本の芸術家の中で、政治に最も直接関与したのは、三島由紀夫と石原慎太郎かもしれない。そして、芸術的価値と政治的衝撃の双方で、三島が石原をはるかに上回ることに、おそらく異論はあるまい。三島は自身の短編小説『憂国』を一九六八年に監督、主演して映画化している。三〇分弱の作品ながら、エロスとタナトスが融合し、陸軍将校の割腹自殺が赤裸々に描かれている。それは二年後の三島の姿でもあった。

ポール・シュライダー監督『ミシマ――ライフ・イン・フォー・チャプターズ』（一九八五年）では、緒方拳が三島を好演したが、遺族の反対で日本では公開されずＤＶＤも発売されていない。筆者はアメリカ留学中にレンタルビデオ店で発見した。三島の半生に、『金閣寺』などの作品が巧みに織り込まれている。

若松孝二監督『11・25自決の日――三島由紀夫と若者たち』（二〇一二年）では、井浦新が三島を演じ、盾の会の森田必勝《もりたまさかつ》らとの関係が描かれている。『ミシマ』も観賞した筆者の勝手な印象では（そう、観客は勝手なものである）、井浦は緒方に遠く及ばず、作品全体も思想的背景を探りながら核心におよそ達していない。ただし、これは俳優や監督の力量の差以上に、事件、否、三島が生きた時代からの歳月の差が大きな意味をもっているのかもしれない。

2　映画の中の天才科学者

第八七回（二〇一五年）アカデミー賞の受賞作品のうち二本が、イギリスの実在の天才科学者を主人公にしたものであった。

イギリスの天才

一つは、ノルウェー人のモルテン・ティルドゥム監督による『イミテーション・ゲーム――エニグマと天才数学者の秘密』（二〇一四年）で、アカデミー作品賞や主演男優賞など七部門にノミネートされ、脚色賞を受賞した。ゴールデングローブ賞にも作品賞など五部門でノミネートされたし、トロント国際映画祭では観客賞を受賞している。第二次世界大戦中にドイツの暗号エニグマ（なぞ絵やなぞめいた言葉という意味）を解読した天才数学者アラン・チューリングを、テレビ・シリーズ『ＳＨＥＲＬＯＣＫ』のシャーロック・ホームズ役で一躍有名になったベネディクト・カンバーバッチが好演している。

もう一つは、ドキュメンタリー分野で評価の高いジェームズ・マーシュ監督による『博士と彼女のセオリー』（二〇一四年）で、理論物理学者として宇宙の解明に当たるスティーヴン・ホーキング博士を、新進気鋭のエディ・レッドメインが力演して、アカデミー主演男優賞を獲得した。他にも、アカデミー作品賞など四部門でノミネートされ、イギリス・アカデミー賞では作品賞、主演男優賞、脚色賞を、ゴールデングローブ賞では主演男優賞と作曲賞を総なめにしている。カンバーバッチの演技も重厚だが、「車椅子の天才科学者」を堂々と演じたレッドメインの早熟は、これはこれで「天才」と呼べるかもしれない。何しろ当時まだ三三歳の若さであった。

そこで今回は、この二作について紹介した上で、映画の中の天才科学者について考えてみたい。

まず、『イミテーション・ゲーム』である。映画は三つの時代を行き来する。時代順にいうと、一九二〇年代のパブリック・スクール（全寮制の私立学校）時代、第二次大戦下のエニグマ解読作業（これがクライマックスに当たる）、そして、一九五〇年代のマンチェスターである。パブリック・スクール時代に、チューリングは親友を亡くす。彼の名前がクリストファーで、エニグマ解読のために開発した機械に、チューリングは密かにこの親友の名前をつけている。ちなみに、主演のカンバーバッチもパブリック・スクールの名門ハーロー校の出身で、ここで演劇を学び始めた（チャーチルも同校出身）。

チューリングは童貞でユーモアを解さず、しばしば他人を傷つけてしまう。彼の「風変わりな性格」は「いまの医学なら、アスペルガー症候群の傾向を指摘するかもしれない」と評論家の芝山幹郎は述べている。アスペルガー症候群は広汎性発達障害の一種で、知的障害は伴わないが、興味関心やコミュニケーションに特異性が認められる。放置すると、うつ病や強迫性障害になる恐れもあるとされている。

当然、チューリングは仲間とうまく仕事ができないが、クロスワード・パズルの天才ジョーンという女性との出会いから、仲間との関係を構築していく。やがて、彼はジョーンと婚約するが、二人の愛は破局を迎える。実は、チューリングは同性愛者だったのである。亡きクリストファーへの感情も、友情以上に恋愛に近かった。エニグマは一垓《がい》五九〇〇京ものバリエーションをもっており、一〇人が毎日二四時間作業しても、解読に二〇〇〇万年かかる。チューリングがこの世紀の難題を解明したことで、一四〇〇万人もの人命が救われたとも推定されている。ところが、その彼自身が同性愛者という秘密を抱えており、旧友への愛がエニグマ解読の原動力にもなっていたのである。

しかし、マンチェスターのチューリング宅への奇妙な強盗事件から、彼が同性愛者であることが判明し、この天才数学者は裁判で強引なホルモン治療を求められ、一九五四年に自殺するのであった。

かつて別の天才オスカー・ワイルドを破滅させたように、イングランドとウェールズでは一九六七年まで同性愛は違法であった（スコットランドでは八〇年まで、北アイルランドでは八二年まで違法）。ジョーンの活躍に対する家族や周囲の無理解にも、ヴィクトリア朝的な性道徳や女性観が反映されている。ちなみに、チューリングは青酸カリで自殺したが、遺体の側には食べかけのリンゴがあり、これがアップルの商標の起源だという説すらあるらしい。アダムやイブと同様、科学者はしばしば禁断の知恵に手を伸ばす。それでも、チューリングの人類への貢献はアップルのそれに匹敵するかもしれない。興味深いことに、日本は明治初期を除いて同性愛行為を違法としなかったが、先進国の中では例外的に、今日でも同性婚を認めていない。

次に、『博士と彼女のセオリー』である。こちらは一九六〇年代から八〇年代のケンブリッジが主たる舞台である。原題は“*The Theory of Everything*”で、宇宙の誕生を一つの理論で説明しようとするホーキング博士の意欲を示している。若いホーキングは美しいジェーンと恋に落ちるが、筋萎縮性側索硬化症（ＡＬＳ）を発症し、余命二年を宣告される。それでもジェーンの献身的な介護に支えられて、二人は結婚し三人もの子供をもうける。やがてホーキングは「車椅子の天才物理学者」として世界的な名声を博すが、何度も命の危機に見舞われ、また、夫婦ともに不倫を経験することになる。それでも、「どんなに困難な人生でも、命ある限り希望はある」とホーキングは語るのである。

時代や専門分野は異なるが、一方は性的マイノリティ、他方は難病患者と、人生に大きな困難を抱えている。そして、二人とも献身的な女性に支えられ、困難ゆえに知的偉業を成し遂げる。ちなみに、二人ともオックスフォードではなくケンブリッジで学び、そこで教授になっている。

その他の天才たち

天才芸術家や天才アスリートは、映画に繰り返し描かれてきた。今回のテーマは、あくまで天才科学者である。

古くは、マーヴィン・ルロイ監督『キュリー夫人』（一九四三年）がある。ノーベル物理学賞と同化学賞を受賞したマリ・キュリーをグリア・ガーソンが演じている。たしかに天才科学者夫妻の物語だが、夫婦愛が中心テーマであろう。ちなみに、この映画は、第二次世界大戦後に日本で公開された最初のアメリカ映画である。

他にも、ポール・ムニがルイ・パスツールを演じてアカデミー主演男優賞に輝いた、ウィリアム・ディターレ監督『科学者の道』（一九三六年）、ドン・アメチー主演、アーヴィング・カミングス監督の『科学者ベル』（一九三九年）、ミッキー・ルーニーがトマス・エジソンの子供時代を演じた、ノーマン・タウログ監督『若い科学者』（一九四〇年）などもある。アメリカの伝記映画（バイオ・ピック）には、伝統と厚みがある。『科学者ベル』では、ヘンリー・フォンダが電話を発明したアレキサンダー・グラハム・ベルの助手を演じている。

また、エジソンは映画の父の一人だが、法外な特許料を零細の映画製作会社に課したため、彼らが西に落ち延びてハリウッドが繁栄した。この天才の強欲は、やがて反トラスト法に阻まれることになった。

近年では、『アメリ』のジャン＝ピエール・ジュネ監督による『天才スピヴェット』（二〇一三年）がヒットした。モンタナに暮らす一〇歳の天才少年が、永久機関に関する論文でスミソニアン協会から権威あるベアード賞を受賞することになり、家族に内緒でアメリカ大陸を横断してワシントンまで旅するという冒険物語である。少年の母親は常々「凡庸は心のカビよ」と息子に言い聞かせている。また、「二つの無限がある。宇宙と人間の愚かさである」という、アルバート・アインシュタインの言葉が紹介されたりする。主役のカイル・キャッレットも天才子役というべきだが、この映画のテーマも少年の天才性よりも家族の絆にあろう。

少し変わったところでは、アルフレッド・ヒッチコック監督『引き裂かれたカーテン』(一九六六年)がある。アメリカの高名な物理学者(ポール・ニューマン)がなんと東ドイツに亡命するが、それはカール・マルクス大学の教授から軍事機密の方程式を探り出すためだった。もちろん、これはあくまでもスパイ・サスペンスものである。

ロバート・ゼメキス監督『バック・トゥ・ザ・フューチャー』シリーズにも、タイムマシーンを発明する市井の天才科学者ドクが登場するし、彼の愛犬の名前がアインシュタインであったことも、忘れてはならない。ＳＦには天才科学者が欠かせない。

天才の苦悩を正面から描いた作品を二つ挙げておこう。

まず、ガス・ヴァン・サント監督『グッド・ウィル・ハンティング／旅立ち』(一九九七年)の舞台はマサチューセッツ工科大学(ＭＩＴ)で、アルバイトの清掃員ウィル・ハンティング(マット・デイモン)が実は数学の天才的才能を有していたというフィクションである。若者は養父からの虐待というトラウマに苦しみ、自分の才能をもてあましていた。無名の心理学者（ロビン・ウィリアムズ）との交流やハーヴァードの女子学生との交際が、やがて彼を癒していく。

次に、ロン・ハワード監督『ビューティフル・マインド』（二〇〇一年）は、ノーベル経済学賞受賞の天才数学者ジョン・ナッシュの数奇な半生がテーマである。舞台はアイビーリーグの名門プリンストン大学で、第二次世界大戦直後からナッシュのノーベル賞受賞（一九九四年）までを描いている。主演はラッセル・クロウである。アカデミー賞では作品賞、監督賞など四部門を、ゴールデングローブ賞でも作品賞など四部門を受賞した。ナッシュはゲーム理論で画期的な研究をするが、統合失調症に苛まれる。自分がアメリカ政府にソ連の暗号解読を強いられており、それゆえにソ連のスパイに命を狙われているとの被害妄想である。実際の米ソ冷戦の進展が背景になっている。ある意味で、「赤狩り」として知られるマッカーシーイズムなどは、アメリカ社会が統合失調症に陥ったようなものであったろう。

ちなみに、ナッシュの考案したナッシュ均衡とは、どのプレイヤーも同じ戦略を選んでいるため、誰もそれを変更できない状況を意味する。各省庁が省益を最重要視するため誰も国益を考えられない、各学部が既得権益に固執するために大学改革が進まないなど、日本社会はナッシュ均衡に溢れている。

日本の天才たち

さて、例によって日本との比較である。日本映画では天才科学者はどのように描かれてきたのか。当然、マッド・サイエンティストのようなキャラクターは日米その他の映画に、多数登場する。『バック・トゥ・ザ・フューチャー』のドクもその系譜に属そう。

最近では、キム・ソンス監督『ゲノムハザード――ある天才科学者の五日間』（二〇一三年）があるが、これはあくまでサスペンス・アクションである。自らが開発した遺伝子ウイルスのために、天才科学者（韓国人）が他人（日本人）の記憶で生きることになる。背後では、アルツハイマー型認知症の特効薬をめぐる国際的な陰謀が渦巻いている。

実在の天才科学者の人間的な苦悩をテーマにしたものとなると、野口英世を描いた、神山征二郎監督『遠き落日』（一九九二年）くらいしか寡聞にして筆者は知らない。しかも、この映画の主人公は、野口というよりも彼を支え続けた母親である。この作品を観ると、天才とは知的な才能以上に、強引にでも他者の支援を引き出す才能によっているのだと痛感する。

むしろ、堤幸彦監督『はやぶさ／HAYABUSA』（二〇一一年）や瀧本智行監督『はやぶさ――遥かなる帰還』（二〇一二年）、本木克英監督『おかえり、はやぶさ』（二〇一二年）のように、小惑星探査機をめぐるプロジェクト・チームの擬似家族愛のようなテーマを、日本の映画と観客は好むのではないか。

よく似たテーマでも、アメリカ航空宇宙局（NASA）による一九六〇年代初頭の人工衛星打ち上げを描いたセオドア・メルフィ監督『ドリーム』（二〇一六年）では、テイストが大いに異なる。こちらは、優秀な三人の黒人女性スタッフが人種差別と性差別を乗り越えて、プロジェクトに貢献する物語である。つまり、集団から疎外された個人の活躍がメインなのである。

天才科学者を映画がどう描くかは、日本の科学教育のあり方とも関係しよう。人間臭い湯川秀樹や江崎玲於奈を、いつか日本映画が描く日が待ち遠しい。

ちなみに、湯川は第二次大戦末期に海軍の依頼で原子爆弾開発に携わったが、京都大学でこの開発計画の中心にいた荒勝文策は、黒崎博監督『太陽の子』（二〇二一年）に登場する。映画では、荒勝教授の学生が主人公で、広島、長崎に次いで京都への原爆投下が噂されると、「千載一遇」の機会に比叡山の山頂から被爆の様子を観察したいと、研究者の執念と狂気を示す。実は、これは荒勝自身のエピソードである。

新分野の天才たち

天才科学者を描くSF映画も科学の潮流を反映して、最近ではDNAやクローンなどを扱うものが多い。たとえば、東野圭吾原作、大友啓史監督『プラチナデータ』（二〇一三年）では、国民すべてに適用されるDNA法案の成立を前に、画期的なDNA捜査システムが開発される。だが、これを手がけた科学者は二重人格者で、連続殺人事件の犯人に仕立てられてしまう。ジェフリー・ナックマノフ監督『レプリカズ』（二〇一八年）では、クローン開発に携わる科学者が妻子を事故で亡くし、彼らのクローンを密かに製造する。科学者本人の知らないところで、巨大な組織の陰謀に巻き込まれているという構図が、二作品に共通している。サスペンスにとって、陰謀論はお手軽なレシピである。

毛色の変わったところでは、山崎貴監督『アルキメデスの大戦』（二〇一九年）は、戦艦大和建造をめぐる天才数学者の物語である。主人公は大和設計の誤算を解明し、建造を阻止し、さらには無謀な対米開戦を防ごうとする。そこに海軍内の権力闘争が絡む。結局、天才は政治に翻弄されてしまう。

主役の菅田将輝が黒板に長大な数式を殴り書きしながら解説するシーンは、圧巻である。

3　映画の中の裁判

『ソロモンの偽証』と『ジャッジ』　原作が大部なためか、それとも、興行上の作戦のためか。おそらく、その両方であろう。最近は二部構成の邦画が目立つ。岩明均のコミックを原作とする、山崎貴監督『寄生獣』（二〇一四年）がそうであったし、宮部みゆき原作・成島出監督『ソロモンの偽証』（二〇一五年）や横山秀夫原作・瀬々《ぜぜ》敬久《たかひさ》監督『64――ロクヨン』（二〇一六年）もそうであった。

『ソロモンの偽証』は中学校を舞台にした裁判の物語で、後編の副題はまさに「裁判」となっている。一九九〇年のクリスマスに、中学二年生の少年の死体が校舎で発見された。警察は自殺と断定したが、同級生たちは真相解明に乗り出し、ついには前代未聞の学校内裁判を開くのである。ソロモンのように聡明な王（権力者）すら偽証するというパラドックスが、タイトルの由来だそうである。

一九九〇年に神戸高塚高校で登校時に発生した校門圧死事件（教師が校門を閉め、女子高生が圧死してしまった）を契機に、全国で様々な学校内裁判が試みられたことに、原作者の宮部は着想を得たのだという。実は、筆者の高校時代の恩師が高塚高校に勤務していた縁で、新設校でまだ卒業生をもたない同高校に大学受験の体験談を話しに出かけたことがある。それから数年後に、この事件が起こった。

『ソロモンの偽証』に少し先立って、デヴィッド・ドブキン監督『ジャッジ』（二〇一四年）も公開された。副題は「裁かれる判事」である。永井聡監督『ジャッジ！』（二〇一四年）ではないから、ご注意願いたい（こちらは、国際広告祭の審査の裏側を描いた妻夫木聡主演のコメディ）。

『ジャッジ』は、田舎で尊敬される判事（ロバート・デュヴァル）がひき逃げ殺人の容疑で逮捕され、息子の辣腕弁護士（ロバート・ダウニー・Jr）が弁護に立つという物語である。ここでも、意外な人物が裁かれることになる。しかも、ひき逃げの被害者は、判事がかつて有罪判決を下した前科者であった。実は、判事は癌の末期治療のため薬で記憶や判断能力に翳りが生じており、ひき逃げの事実も思い出せない。故殺ではないことを証明すれば、判事としての評判に傷がつく。

判事が息子に言う。「レーガンを見ろ。冷戦に勝利したが、人が彼について覚えているのは、ジェリー・ビーンズと昼寝、それにアルツハイマーだ」。レーガン研究者としては同意しかねるが、レーガンについてのイメージを明確に示しているようにも思う。最近では、レーガンのスピーチなどの分析を通じて、大統領在任中にすでにアルツハイマー型認知症が進行していたとする研究も登場している。それによると、政権末期のレーガンのスピーチや発言には表現の繰り返しが多く、「こと」「もの」のような不特定の名詞が頻出する傾向にあるという（『ニューヨーク・タイムズ』二〇一五年三月三一日付）。

話を映画に戻そう。内容もテイストもまったく異なるが、『ソロモンの偽証』でも『ジャッジ』でも、意外な人が裁かれる。そこで、今回は映画の中の裁判を振り返ってみたい。

裁判映画の傑作の数々

アメリカには、裁判を題材にした傑作映画が数多くある。映画学者の加藤幹郎氏によると、ハリウッドで一番息の長い人気サブジャンルは、ＳＦでも西部劇でもなく、裁判（法廷）映画だという。民主主義の宣伝効果があり、陪審制度（法廷の劇場性）があり、しかも、「見ること」という点で映画と法廷とに高い親和性があるからである（加藤『映画とは何か――映画学講義』文遊社、二〇一五年、八七～九〇頁）。裁判ほどではないが、刑務所ものも多い。何しろ、全米の収監者数は二二〇万人（二〇一八年）だから、刑務所もそれなりに身近な存在なのである。

アメリカの政治と裁判は「演じる」という点で共通しており（法廷の劇場性）、だからこそ、アメリカの政治家には弁護士経験者が多い。第一一四連邦議会（二〇一五～一六年）では、法律家の経歴を有する下院議員が一五一人、上院議員が五〇人で、実に全体の三五％（上院では半分）ほどを占めていた。フランスの思想家アレクシス・ド・トクヴィルは、地方自治と各種の任意団体（アソシエーション）、そして陪審制度こそが、アメリカの民主主義の基盤だと指摘している。その陪審員たちを説得するのが、弁護士である。

古くは一九三四年に、のちに西部劇の巨匠となるジョン・フォード監督が『プリースト判事』を手がけている。一九世紀末のケンタッキーを舞台にした人情劇で、政治風刺でも著名なウィル・ロジャーズが主役のプリースト判事を演じた。彼は一九二五年にビバリーヒルズの名誉市長に就任した。また、民主党からオクラホマ州知事選挙への出馬を求められたが、断っている。二八年の大統領選挙では、ロジャーズを候補に擁立しようとする動きがあったが、当選すればただちに辞任するというのが、彼の唯一の選挙公約であった。レーガンのはるか以前から、ハリウッドと政治の関係には根深いものがある。ちなみに、彼の長男ウィル・ロジャーズ・ジュニアは、四三年一月から四四年五月までオクラホマ州選出の連邦下院議員（民主党）を務めた。

同じフォード監督は『若き日のリンカン』（一九三八年）も撮っている。これは弁護士時代のリンカン（ヘンリー・フォンダ）の物語で、殺人事件の冤罪を晴らすのがテーマである。リンカーンを含め、今日のオバマ、バイデンに至るまで、歴代の大統領にも弁護士出身者は多い。

戦後になると、一九五七年に傑作が二本作られている。一つは、アガサ・クリスティ原作、ビリー・ワイルダー監督『情婦』である。ハリウッド映画だが、舞台は原作どおりロンドンになっている。タイロン・パワーやマレーネ・ディートリヒらスターが意外な役を力演している。結末のどんでん返しという点では、『ソロモンの偽証』の比ではない。何しろ、「この映画の結末を未見の人に話さないでください」と、映画の最後にナレーションが入るほどである。

もう一つは、シドニー・ルメット監督『十二人の怒れる男』である。陪審制度の問題点を暴きながら、それを補うアメリカ民主主義の底力を如実に描いている。やはり主演はヘンリー・フォンダであった。彼には、こういうリベラルな役がよく似合う。ジョン・ウェインとは好対照である。

このリメイクとして、ロシアのニキータ・ミハルコフ監督も『十二人の怒れる男』（二〇〇七年、ロシア）を製作している。こちらはチェチェン紛争を背景にしている。

ロバート・マリガン監督『アラバマ物語』（一九六二年）も忘れられない。一九三〇年代の南部アラバマを舞台に、良心的な弁護士（これもグレゴリー・ペック）が黒人の被告を冤罪から救おうとする。しかし、陪審員はみな白人なのである。弁護士の子供の回想という形式で、物語が進行する。

ルメットは裁判映画がよほど好きなのであろう。一九八二年には、医療過誤訴訟をテーマに、『評決』でメガホンをとっている。アルコール依存症の初老弁護士を演じたのはポール・ニューマンで、彼のキャリアの中でも最高の出来となった。他方、カトリック教会経営の病院を舞台にしているため、批判を集めた面もある。

裁判は裁判でも、軍事裁判もある。先述のクレイマー監督『ニュールンベルグ裁判』やオットー・プレミンジャー監督『軍法会議』（一九五六年）などが、そうである。後者では、米陸軍のビリー・ミッチェル将軍（ゲイリー・クーパー）が第一次世界大戦後に空軍の新設を声高に提唱して、規律違反の罪で軍法会議にかけられる。「ミッチェル将軍の反乱」として知られる史実に基づく。陸海軍の主流は空軍の独立を嫌った。アメリカで空軍が独立するのは、第二次世界大戦後の一九四七年である。真珠湾奇襲攻撃と広島・長崎への原爆投下を受けて、空軍力の重要性をもはや誰も否定できなくなったからである。

離婚や環境問題など、アメリカらしいテーマで、裁判映画の傑作リストはまだまだ続く。

裁判ものの日本映画

ハリウッドほどではないにせよ、日本映画にも裁判ものの秀作は少なくない。たとえば、熊井啓監督『ひかりごけ』（一九九二年）は、人肉食をめぐる裁判劇であり、戦前の裁判の様子が知れる。裁判官、検事は偉く、弁護士の地位は低い。また、小林正樹監督『東京裁判』（一九八三年）は、極東国際軍事裁判を扱った二七七分の長大なドキュメンタリー大作であった。さらに、山崎豊子原作・山本薩夫監督『白い巨塔』（一九六六年）も、医学部の教授選挙をめぐる権力闘争のドラマだが、後半は財前教授（田宮二郎）の医療過誤をめぐる裁判が大きなテーマになっている。

しかし、後述のように、日本の裁判映画で最も層の厚いのは、冤罪を扱った作品であろう。日本には陪審制度はないから、アメリカのようにこれに焦点を当てた作品はない。だが、日本でも二〇〇九年から裁判員制度が導入された。この制度の下で、傍聴人を主役にしたコメディでは、豊島圭介監督『裁判長！　ここは懲役4年でどうですか』（二〇一〇年）がある。「さぞかし楽しいでしょうね。他人の人生を高みの見物して!!」と美人検事が、彼ら「ウォッチメン」に罵声を浴びせる。

裁判をめぐるこうした制度と映画の新展開は、日本の市民社会の成熟や民主主義の深化に繋がるであろうか。映画ファンにとっても政治学者にとっても、興味は尽きない。

人気の女性判事！

その後に観賞して印象に残った裁判映画を、いくつか紹介しておこう。

韓国にも弁護士出身の大統領がいる。盧武鉉《ノムヒョン》と文在寅《ムンジェイン》で、両者は師弟関係にある。前者が関わった軍事政権下での冤罪事件、一九八一年の釜林事件をテーマにしたのが、ヤン・ウソク監督『弁護人』（二〇一三年）である。マルクス主義の読書会を理由に摘発された学生たちに激しい拷問が加えられていることを知り、ノンポリだった主人公は弁護に身を投じる。圧政下でのこうした強烈な原体験が、政治家の人格形成に大きな影響を与え、指導者を信念の人に、しかし時には教条的にしてしまう。日本の殖民地支配だけではなく、軍事独裁体制が韓国にどのような影響を与えたのかを理解しようとすることが、日韓関係にとって重要なのであろう。

ミミ・レダー監督『ビリーブ　未来への大逆転』（二〇一八年）はアメリカ連邦最高裁判所の女性判事ルース・ベイダー・ギンズバーグが夫と協力して様々な女性差別を乗り越え、弁護士時代にアメリカ史上初の男女平等裁判に勝訴する物語である。一九五六年に彼女がハーヴァード大学ロースクールに入学した時には、五〇〇人中女性は九人で、女性トイレさえなかったという。

ジュリー・コーエン、ベッツィ・ウェスト監督『RBG　最強の85歳』（二〇一八年）は、そのギンズバーグのドキュメンタリー映画である。二〇一八年の「アメリカで最も尊敬される女性」ランキングでは、彼女は四位に選ばれた（一位はミシェル・オバマ）。ほとんどアイドルといっても過言ではなかった。

二〇二〇年九月に、そのギンズバーグは八七歳で死去した。大統領選挙の直前だったため、後任は当選者に選んでほしいと彼女は遺言を残したが、トランプ大統領は保守派のエーミー・バレット連邦高裁判事を指名し、共和党多数の上院は直ちにこれを承認した。ただし、司法の保守派とは、憲法を起草者や制定者の意図に沿って厳密に解釈しようとする（原意主義）者のことであり、必ずしも政治的保守派の思惑どおりの判決を下すわけではない。

前政権の決定を覆し、最高裁判所を政治支配しようとし、世論を煽動するという意味で、韓国の文大統領とアメリカのトランプ大統領はよく似ている。ただし、蘆や文ら弁護士出身の左派の大統領は、ブッシュやトランプら共和党保守派の大統領とは相性が悪い。

第4章　小国の悲哀と輝き

1　映画の中のアイルランド

ダラ・バーン監督『ダブリンの時計職人』（二〇一〇年）を観る機会があった。後述のように、近年興味深いアイルランド映画の秀作が公開されている。また、のちに紹介するように、アカデミー作品賞候補だったスティーヴン・フリアーズ監督『あなたを抱きしめる日まで』（二〇一三年）も、舞台の半分近くはアイルランドであった。そこで、今回は映画の中のアイルランドについて論じてみたい。

「エメラルド島仲間」

トム・クルーズとニコール・キッドマンが共演した映画に、ロン・ハワード監督『遙かなる大地へ』（一九九二年）がある。一九世紀の末に西アイルランドの貧農が地主の娘とともにアメリカに渡り、苦労の末にオクラホマで自らの土地を手に入れる成功物語である。

歴史上、多くのアイルランド人たちが大西洋を渡って、新天地アメリカにやって来た。一八世紀から二〇世紀までの総数は、実に七〇〇〇万人に達する。一八二〇年から一九〇〇年の間だけでも、その数は四〇〇〇万人にも上ったという。ビジネスにとって、顧客の数は命である。それゆえ、アイルランド移民の物語は、ハリウッドの好むテーマの一つであった。

他方、この大量移民を受けて、アメリカではカトリックの「飲んだくれたち」を同化するために禁酒運動が勢いづき、また、新移民排斥を叫ぶ「ノー・ナッシング党」（党の存在を問われると、「知らぬ存ぜぬ」と答えた）が台頭した。「アイリッシュお断り」（No Irish applied）が雇用の際の常套文句でさえあった。新移民へのこうした差別や偏見が、アイルランド系アメリカ人を団結させた。やがて、彼らの中には、ニューヨークやシカゴ、ボストンなどの地方政治や警察機構で権力を握る者も現れた。たとえば、ジョン・F・ケネディの一家はボストンの名望家であった。ビジネス同様、民主主義にとっても数は力であった。しかも、彼らは祖国でもイギリスに対する熾烈な独立闘争を経験してきた。権力闘争はお手のものである。

また、新移民たちは黒人を差別することで、自らの白人性（ホワイトネス）を確認した。だが、移民という新たな労働力が大量に流入したことが、強制労働力としての黒人奴隷のあり方の見直し、つまり、奴隷解放運動に拍車をかけることにもなる。やがて南北戦争が勃発すると、北部では身代わりを出すか三〇〇ドルを払えば徴兵免除になったことから、富裕層の代わりに多くの貧しいアイルランド系やドイツ系市民が出征することになった（貴堂嘉之『南北戦争の時代』岩波新書、二〇一九年）。

ハリウッドでユダヤ系が有力であることはよく知られるが、アイルランド系も存在感と団結力を示している。彼らはしばしば「エメラルド島（アイルランド）仲間」と呼ばれてきた。往年の著名な俳優では、ジェームズ・キャグニーやスペンサー・トレイシーがそうであり、西部劇の巨匠ジョン・フォードもそうであった。彼はジョン・ウェインなどアイルランド系の俳優を好んで自作に登用してきた。フォード監督はショーン・アロイシャス・オフィーニーと、しばしばアイルランド風の名前すら名乗っていた。そう、のちに大統領となるロナルド・レーガンも忘れてはならない。彼は映画と政治という、数が力となる世界を共に生きてきたことになる。

フォード監督がアイルランドを描いた作品を三つ紹介しておこう。

第一は、『男の敵』（一九三五年）である。舞台は一九二二年のダブリンで、アイルランドの完全独立をイギリス軍が警戒している。主人公（ヴィクター・マクラグレン、もちろん「エメラルド島仲間」）はアイルランド革命軍（ＩＲＡ）のメンバーだが、恋人とアメリカに渡航する金ほしさに仲間をイギリス当局に売り渡してしまう。やがて、彼自身がＩＲＡに命を狙われ、最後にはカトリック教会の中で赦しを請いながら息絶える。「ユダは後悔した。そして銀貨三〇枚を捨てて、死んだ」という冒頭の説明が、すべてを物語っている。ＩＲＡとカトリックは、アイルランドを描く際の重要な要素である。フォードは、本作で最初のアカデミー監督賞を受賞した。

次に、『静かなる男』（一九五二年）である。ジョン・ウェイン演じる主人公ショーンは、ボクシングの試合で対戦相手を死なせてしまったアイルランド系アメリカ人で、父母の愛したアイルランドの田舎イニスフリーで静かに暮らそうとやって来る。やがて美しいメアリー（モーリン・オハラ）と恋に落ちるが、偏屈な兄レッド（これもヴィクター・マクラグレン）が猛烈に反対する。ついに、ショーンとレッドは大喧嘩の末に和解して親友となる。酒と喧嘩と人情――アイルランド人気質をこれでもかこれでもかと描いた作品である。本作でフォードは四度目のアカデミー監督賞を手にした。ちなみに、イニスフリーという地名は、アイルランドの詩人ウィリアム・バトラー・イェーツの「イニスフリーの湖島」に由来する。実際には、アイルランドのメイヨー郡コングという寒村で撮影された（武部好伸『ケルト映画紀行（名作の舞台を訪ねて）』論創社、一九九八年に詳しい）。また、ヒロインのモーリン・オハラはアイルランド人で、二〇一五年に九五歳で亡くなった。

三番目は『最後の歓呼』（一九五八年）である。スペンサー・トレイシー演じる昔気質な市長が再選を目指す政治映画で、舞台はアメリカの地方都市である。だが、その背景には市長を中心とするアイルランド系市民の団結と、それに反発するＷＡＳＰ（白人、アングロサクソン、プロテスタント）上流階級との対立があり、また、テレビの普及による選挙戦の変化がある。結局、市長は落選するが、敗北の弁を問われて、知事選への立候補を表明する。だが、その夜に彼は自宅で心臓発作に襲われ落命する。これは、ボストン市長を長く務め、のちに下院議員からマサチューセッツ州知事に転じた実在の政治家ジェームズ・カーリーがモデルとされる。カーリーの知事進出により、下院議員の補欠選挙に当選し政界に登場したのが、のちの大統領ケネディであった。アイルランド系とアメリカ政治の関係を知るには、逸することのできない作品である。

ちなみに、バラク・オバマにもアイルランド系の血が流れている。アイルランド系にはオコンネルやオブライエンのように頭に「オ」のつく名前が多い。オバマもそうだというのは、もちろんジョークで、これは父方のケニアの名前である。

アイルランド映画の輝き

それでは、旧宗主国として最も因縁の深いイギリスは、アイルランドをどう描いてきたのか。枚挙に暇がないので、佳作、秀作をいくつかご紹介しよう。

まず、ジム・シェリダン監督『マイ・レフトフット』（一九八九年）がある。ダブリンに住む重度の脳性麻痺の若者（ダニエル・デイ＝ルイス）が創作に目覚め、やがては看護師と結婚するという、実話に基づく感動的な物語である。主人公は左足で文字を書く。主演のルイスはイギリス生まれだが、父はアイルランド人である。イギリスの映画界や演劇界にも、アイルランド系はきわめて多い。

ニール・ジョーダン監督『クライング・ゲーム』（一九九二年）やジム・シェリダン監督『父の祈りを』（一九九三年）はともに、戦後のＩＲＡのテロ活動を背景にしている。前者では、ジェイ・デヴィッドソンが美しい黒人女性としか見えない男性同性愛者を演じて、観客に衝撃を与えた。後者では、シェリダン監督とルイスのコンビが再び、父と息子の絆を感動的に描いている。アイルランド紛争はかつてほど流血を伴う惨劇ではなくなったものの、いまだに間歇泉のように暴力と憎悪が噴き出すことがある。

もとより、アイルランドによるアイルランド映画の佳作、名作も多い。

アラン・パーカー監督『ザ・コミットメンツ』（一九九一年）は、ダブリンを舞台に貧しい若者たちが「コミットメンツ」（関与）という名のバンドを結成する物語で、音楽好きなアイルランド人気質を如実に示している。近年では、ジョン・カーニー監督『ＯＮＣＥ　ダブリンの街角で』（二〇〇七年）が、ストリート・ミュージシャンの男性とチェコ系移民の女性が音楽を通じて愛し合うようになる物語で、低予算作品ながらアメリカで口コミの評判になった。アイルランドにおける移民問題も描かれている。

ピーター・マラン監督『マグダレンの祈り』（二〇〇二年）は、ダブリンの女子修道院の敷地から一五五人もの女性の遺体が発見され、広く知られるようになった「マグダレン洗濯所」の悲劇を描いている。未婚で妊娠・出産した若い女性たちが、「堕落した女」として収容され、過酷な強制労働に従事していたのである。二〇一三年には、アイルランド政府が事実を認めて、公式に謝罪している。『あなたを抱きしめる日まで』に通じる作品である。

『あなたを抱きしめる日まで』では、生まれたばかりの子供たちが修道院によって裕福なアメリカ人に売られていた。主人公は息子をアメリカにまで捜し続け、その墓をアイルランドの修道院に発見することになる。「探求の終わりに出発点に到達し、その場所を知る」というＴ・Ｓ・エリオットの詩が作中で印象的に引用されている。詳細については、第9章2節に後述しよう。

さて、冒頭で紹介した『ダブリンの時計職人』である。主人公はロンドンで失業してダブリンに戻った初老の時計職人で、住所不定を理由に失業保険も受給できず、今や車の中で生活している。ある日、同様に車で生活する若者と出会って、生きる意義を取り戻し、中年女性との恋も芽生える。若者と中年女性が主人公の人生を回復してくれたように、彼は二人の壊れた思い出の時計を修理する。しかし、件の若者は薬物中毒のために、不幸な最期を遂げるのだった。主役のコルム・ミーニイは『ザ・コミットメンツ』にも出演していた（そういえば、先述の『ＯＮＣＥ　ダブリンの街角で』の主役グレン・ハンサードも『ザ・コミットメンツ』に出演していた）。この作品でも音楽が重要な役割を果たしているし、カトリック教会や詩も効果的に用いられている。アイルランド映画に共通するのは、シンプルな重厚さかもしれない。

アイルランドという国自体がそうであろう。その面積は北海道程度で、人口は四六〇万人にすぎない。たしかに、小国である。しかし、先述のように移民を通じてアメリカと密接に結び付いているし、イギリスとも複雑な関係にある（それは日韓関係にもかなり似ている）。何しろ、英語圏である。しかも、ヨーロッパの一角も占めている。資源小国という点では日本とも共通する。「アイルランドを知れば日本がわかる」（林景一元駐アイルランド大使）のかもしれない。その上、文学と音楽の国でもある。アイリッシュ・ウィスキーやビール（ギネス！）もうまい。われわれ日本人の日常にも、アイルランド的なものはケルトの妖精のように満ち溢れている。アイルランドも、アイルランドをめぐる映画も、もっともっと注目されてよいのではないかと思う。

小国アイルランドはイギリスのＥＵ離脱問題（ブレグジット）で、にわかに注目を集めるようになった。一九九八年のベルファスト和平合意までに、北アイルランド紛争で三六〇〇人もが命を落とした。イギリスのＥＵ離脱（ブレグジット）後に、北アイルランドとブリテン島の通商管理が困難になれば、再び北アイルランド独立運動が起こるであろう。そうなれば、スコットランドやウェールズの独立運動を誘発し、イギリスは連合王国でなくなってしまうかもしれない。

さて、アイルランドをテーマまたは舞台にした、その後の秀作映画をいくつか紹介しておこう。

その後の秀作

ケン・ローチ監督『ジミー、野を駆ける伝説』（二〇一四年）は、一九三〇年代にアメリカから帰国した元労働活動家が、地元に若者たちのためにダンスホールを再建しようとし、教会など保守派と対立する物語である。常に弱者の視点に立つ監督の手腕が冴えている。

ジョン・クローリー監督『ブルックリン』（二〇一五年）では、一九五〇年代初頭にアイルランドからニューヨークのブルックリンに移民した女性がイタリア系の青年と結婚するが、姉の訃報に帰国し、地元の元恋人と再会して苦悩する。二人の男性がアメリカとアイルランドを象徴しており、主人公の悩みは多くの移民のそれを代表している。主演のシアーシャ・ローナンの両親はアイルランドからの移民で、シアーシャはゲール語で自由を意味するという。

アイルランドの巨匠ジム・シェリダン監督による『ローズの秘密の頁』（二〇一六年）では、主人公ローズが数十年にわたって聖書に密かに日記を綴っており、それを基に彼女の青春時代が回想される。第二次世界大戦が始まった頃、ローズが恋に落ちた相手はイギリス空軍に志願したため、アイルランド共和軍に裏切り者として殺されてしまう。第二次大戦でアイルランドは中立を宣言したが、ローズの恋人のように数万人のアイルランド人がイギリス軍に従軍し、ドイツはダブリンを空爆したこともある。また、ＩＲＡがナチスと協力して、北アイルランドを占領する企てすらあったという。

マーティン・キャンベル監督『ザ・フォーリナー　復讐者』（二〇一七年）は現代が舞台で、ＩＲＡのテロのためにロンドンで娘を亡くした中国系移民（ジャッキー・チェン）が復讐に乗り出す。相手は北アイルランド副首相（ピアース・ブロスナン）である。実際に、二〇一七年に死去した北アイルランドのマーティン・マクギネス前副首相は、かつてはＩＲＡの司令官であった。

なお、岩見寿子・宮地裕美子・前村敦『映画で語るアイルランド――幻想のケルトからリアルなアイルランドへ』（論創社、二〇一八年）という本も編まれている。「エメラルド島」の魅力は奥深い。

2　映画の中のキューバ

オバマとカストロの握手

弔問外交とはこのことであろう。二〇一三年一二月一〇日、ヨハネスブルクで南アフリカ共和国のネルソン・マンデラ元大統領の追悼式が開かれ、世界各国から九〇人もの首脳級の賓客が参集した。その中で、アメリカのバラク・オバマ大統領がキューバのラウル・カストロ国家評議会議長と握手したのである。オバマは微笑を浮かべ、相手も笑顔で応じた。二〇〇〇年の国連総会で、ビル・クリントン大統領とフィデル・カストロ議長（ラウルの兄）が握手して以来のことである。反アパルトヘイト闘争の主役の追悼式にふさわしい、和解のシーンであった（マンデラも近年しばしば映画に描かれている）。

ホワイトハウスは単なる儀礼とコメントしたが、共和党のジョン・マケイン上院議員などは、オバマをヒトラーに宥和したイギリスのネヴィル・チェンバレン首相に喩えて非難した。それもそのはずで、同年一一月九日のマイアミでの演説で、オバマ大統領は対キューバ政策の見直しに言及していたのである。「(フィデル)カストロが権力を獲得した時、私は生まれたばかりだった。一九六一年に採用した政策が、インターネットやグーグルの時代になった今日でも効果的だと考えるのは、妥当ではない」。

キューバの独裁者フルヘンシオ・バティスタがドミニカに亡命したのが一九五九年の元旦であり、その後、フィデル・カストロ首相による大企業の国有化やアメリカ企業の排除、ソ連との外交関係樹立などが続いた。そこでアメリカは、キューバに経済制裁を発動し、一九六一年一月には外交関係の断交に踏み切ったのである。オバマは同年八月四日の生まれだから、アメリカによる対キューバ経済制裁と断交は、彼の人生よりも長いことになる。断交後、両国の首脳はたった二度しか握手しなかったのである。

この二度目の握手以来、アメリカとキューバとの関係改善は大幅に進み、二〇一五年七月に国交正常化した。二〇一六年の大統領選挙を見据えれば、フロリダは天王山であり、その人口の一八%はヒスパニックであった。キューバとの関係改善は、オバマにとって「レガシー」作りであるのみならず、民主党にとってもホワイトハウス維持への布石だったのである(ただし、年配のキューバ系住民には、反カストロの保守派が多い)。他方、キューバはヴェネズエラからの経済支援が期待できなくなり、アメリカからの投資と観光客、それに経済制裁解除を、喉から手が出るほど欲していた。一六年三月には、オバマ大統領がキューバを訪問した。アメリカの現職の大統領による同国訪問は、二八年のカルビン・クーリッジ以来、実に八八年ぶりのことであった。

筆者を含めて、その後に生まれた者には想像しにくいが、キューバ革命は世界に大きな衝撃を与えた。この革命に参加したチェ・ゲバラの顔をプリントしたTシャツが今でも若者の間で人気のあることは、その残滓であろう。あるいは、ソダーバーグ監督の大作『チェ　28歳の革命』を想起する者もあろう。

往年の日本映画でも、西河克己監督『帰郷』（一九六四年）は、キューバ革命で死んだと思われていた外交官の父親（森雅之）が娘（吉永小百合）の前に姿を現す物語であった。大佛次郎の原作（一九四九年）では戦時中のシンガポールが背景であったが、それをわざわざキューバ革命に変更しているのである。

まずはこの辺りから、映画の中のキューバについて探ってみよう。

革命前後のキューバ

そもそも、アメリカがキューバを保護国とするに至った契機は、一八九八年の米西戦争であった。この際、政府を辞して「ラフ・ライダーズ」という騎馬隊を率い、一躍国民的な英雄となったのが、セオドア・ローズヴェルトである。当時は映画の揺籃期であったが、彼の活躍はニュース映像となって全米に伝えられた（とはいえ、ミニチュアによる再現であり、数分のものであった）。その結果、彼はニューヨーク州知事、副大統領、そして一九〇一年のウィリアム・マッキンリー大統領暗殺後には大統領に登りつめた。このセオドア・ローズヴェルトも、ショーン・レヴィ監督『ナイト・ミュージアム』（二〇〇六年、アメリカ）などで、しばしば映画に描かれている。故ロビン・ウィリアムズの当たり役であった。

さて、キューバ革命である。先述のソダーバーグ監督『チェ』では、プエルトリコ出身のベニチオ・デル・トロが共同プロデューサー兼主役としてチェ・ゲバラを演じ、キューバ革命までのチェの活躍を描いている。ちなみに、デル・トロはキューバ訪問中に、わずか五分だけだがフィデル・カストロに面会できたという。

西河監督『帰郷』は、キューバ革命やキューバ危機から数年後、東京オリンピックの開催された年に作られた。森雅之演じる主人公の父は、外交官ながらキューバ革命に協力し、愛人の密告のため政府軍に拘束されるという設定である。高度経済成長に向かう日本にあって、インテリのキューバ革命への同情や憧憬が読みとれよう。

他方、キューバの視点から革命直後の様子を描いた作品として、トマス・グティエレス・アレア監督・脚本『低開発の記憶――メモリアス』（一九六八年）がある。アレアは『苺とチョコレート』（一九九三年）の監督としても知られる。これはキューバでのゲイの芸術家と共産党青年とのプラトニックな友情を描いた佳作である（キューバでは、男性は普通チョコレートのアイスクリームを食べ、苺のアイスクリームを頼むのはゲイだという）。

『低開発の記憶』の主人公は、旧体制にも革命政権にもなじめないインテリのブルジョアであり、女性との刹那的な関係を繰り返している。彼にとって、ヨーロッパこそが理想であり、キューバはどうしようもない「低開発」状態にある。とはいえ、両親や美しい妻がアメリカに亡命しても、彼はハバナに留まっている。こうした倦怠感に、鮮烈なドキュメンタリー映像が織り込まれ、日常と非日常が絡み合っていく。そして、やがてはキューバ・ミサイル危機が高まるのである。フィデル・カストロの有名なテレビ演説「祖国か死か」も登場する。「今後のディスユンティーバ（二者択一）のスローガンは祖国か死か（パトゥリア・オ・ムエルテ）になる」――「祖国か死か」という表現はゲバラの国連演説でも引用されたし、二〇〇六年の引退までカストロも演説の締め括りには必ずこれを用いていた。

キューバ・ミサイル危機

現実の米・キューバ関係にとっても、映画の中のキューバにとっても、最も重大な事件は一九六二年のキューバ・ミサイル危機であった。

「純粋にエンターテイメント的価値からすると、キューバ危機がなんらかの形で絡む映画のうち最高傑作」（ドン・マントン、デヴィッド・A・ウェルチ、田所昌幸・林晟一訳『キューバ危機――ミラー・イメージングの罠』中央公論新社、二〇一五年）とされるのが、「サスペンスの神様」アルフレッド・ヒッチコック監督による『トパーズ』（一九六九年）である。

冷戦の最中、ソ連KGBの副長官がアメリカに亡命し、ソ連がキューバでミサイル基地を建造しようとしていることが明らかになる。しかし、CIAはピッグス湾事件（アメリカが亡命キューバ人を支援してカストロ政権の転覆を図った計画）の失敗以来、キューバに人脈をもたない。そこで、フランスの諜報員（フレデリック・スタフォード）がキューバ潜入を依頼される。ちなみに「トパーズ」とは、フランス政府内に張り巡らされたソ連の諜報網のコード・ネームである。というわけで、作品の中盤はキューバが舞台であり、カストロの映像も登場する。ジョン・ヴァーノン演じるキューバ高官は野蛮かつ残酷で、印象深い。ヒッチコック作品では、『引き裂かれたカーテン』と並んで冷戦を背景にしたスパイものであり、ヒッチコックの低迷期に属するとされるが、「サスペンスの神様」への過剰な期待を割り引けば、エンターテインメントとして十分の水準といえよう。

キューバ・ミサイル危機を正面から扱った映画としては、もちろん、ロジャー・ドナルドソン監督『13デイズ』（二〇〇〇年）がある。史実に比較的忠実に作られているが、ケネディ大統領（ブルース・グリーンウッド）ではなく、大統領特別補佐官のケネス・オドネル（ケビン・コスナー）の視点から描かれている。当然、ソ連やキューバの視点は欠落しているし、米・キューバ関係の前史も語られない。また、ことさらに文民政治家と軍部との緊張関係を大きく扱っている。そのため、ペンタゴンは協力を拒否したという。本作はむしろ、アイルランド系の映画人によるアイルランド系の政治家たちへのオマージュであろう。それでも、手に汗握る仕上がりであり、キューバ・ミサイル危機の概要についてはそれなりに知ることができる。学生にはお勧めである。

また、キューバ危機の後には、スタンリー・キューブリック監督『博士の異常な愛情』（一九六四年）のように、米ソ核戦争をテーマにした映画が次々に作られた。これらについても鑑賞をお勧めしたい。

歴代のアメリカ大統領の中で、WASPでない者は、ケネディ（カトリック）とオバマ（黒人）そして、バイデン（カトリック）を数えるにすぎない（ところが、二一世紀に入って、WASP同士が戦った大統領選挙は皆無である)。ケネディはキューバ・ミサイル危機を乗り越えた。オバマはキューバとの外交関係を樹立した。この外交交渉にも舞台裏で様々な駆け引きがあろう。その様子を、アメリカ映画がどう描くのか。また、アメリカには二五〇万人のキューバ系移民がいる。つまり、アメリカの中にもキューバがある。ヒスパニック人口がさらに増大する中で、アメリカ映画がキューバ全体をどのように取り上げていくのか。新たな楽しみの種である。

アメリカとキューバの屈折した関係

最近思い出したのだが、フランシス・コッポラ監督『ゴッドファーザー　PARTⅡ』(一九七四年)にも、革命前のキューバが描かれていた。自爆テロを敢行する革命勢力の勝利を、暴力を稼業とする主人公はしたたかに予見していた。

エルネスト・ダラナス監督『セルジオ&セルゲイ　宇宙からハロー!』(二〇一七年)は一九九一年の時代設定で、キューバの大学教授セルゲイが宇宙ステーションに滞在するソ連の宇宙飛行士セルジオからの無線を受信する。ソ連が崩壊したため、セルジオは帰還できなくなってしまった。セルゲイはキューバ当局の監視の目を掻い潜って、なんとアメリカ航空宇宙局(NASA)に助けを求める。セルジオは実在の宇宙飛行士とのことである。また、キューバのインテリの貧しい暮らしぶりも、リアルに描かれている。

阪本順治監督『エルネスト　もう一人のゲバラ』(二〇一七年)では、キューバに留学した日系ボリビア人が革命に目覚め、ゲバラから「エルネスト」と呼ばれるようになる。オダギリジョーがスペイン語を駆使して、熱演している。映画の冒頭で、ゲバラが一九五九年の来日時に突如として広島を訪問するエピソードが描かれている。被爆の資料を目にして、ゲバラは「君たちはなぜアメリカに怒らないんだ」とつぶやく。オバマの広島訪問の半世紀前のことである。とはいえ、作中のゲバラのような、ナショナリズムに寄りかかった批判は容易である。革命のもたらした害悪に苦しめられたキューバの人々は、長年にわたって、怒りの声を上げることさえ許されなかったのだから。

さて、現実の政治の世界では、二〇一六年一一月にフィデル・カストロが九〇歳で死去し、一七年六月にはトランプ大統領がオバマ前政権の対キューバ政策を「完全に」解消すると表明し、制裁の強化に乗り出した。実は、二〇一六年、二〇二〇年の両方の大統領選挙で、トランプはフロリダで勝っていた。同州選出の連邦上院議員（うち三人はキューバ系）も、キューバには厳しい態度をとっている。こうした中で、バイデン大統領も早急な関係改善を図れないのである。マイアミからキューバまでは最短で三七八キロなのだが、政治の距離はまだまだ遠い。

第Ⅱ部　映画の映し出す社会

第5章　家族の意味

1　映画の中の老人と老い

ハリウッドと老人

ミヒャエル・ハネケ監督・脚本の『愛、アムール』（二〇一二年、フランス・ドイツ・オーストリア）から、話を始めよう。二〇一二年のカンヌ国際映画祭パルムドール（最高賞）と二〇一三年の米アカデミー賞最優秀外国映画賞を受賞した作品である。エマニュエル・リヴァが八五歳と史上最高齢でアカデミー主演女優賞にノミネートされたことも話題になった（残念ながら、受賞は逸した）。リヴァといえば、アラン・ルネ監督によるヌーベルバーグの名作『二四時間の情事』（一九五九年、フランス）で、広島を舞台に岡田英二と共演した、あの女優である。しかもハネケ監督は、『ファニーゲーム』（一九九七年）、『ピアニスト』（二〇〇一年）、『白いリボン』（二〇〇九年）など、映画史に残る話題作や名作を手がけてきた巨匠である。『白いリボン』と本作で、カンヌのパルムドールを連続受賞したことになる。

というわけで、当然ながら期待は高かった。そして、その期待が裏切られることはなかった。パリのアパートで暮らす老夫婦が主人公である。妻（リヴァ）が病に陥り、しかも、手術に失敗した。徐々に、しかし確実に、彼女の病状は悪化していく。夫（ジャン＝ルイ・トランティニアン）は、尊厳をもって妻を最期まで看取る決意をする。静かで切ない、究極の愛のドラマである。往年の名優トランティニアンも、実に渋い。

タイトルが示すように、この作品は老夫婦の愛をテーマにしている。しかし、誰にでも訪れる老いがテーマでもある。もちろん、美しい夫婦愛よりも老いの過ごし方が、確実で普遍的なテーマである。知り合いの医者から聞いた話がある。年配の患者に「そんなことを続けていると寿命を縮めますよ」と忠告しても「人生一〇〇年時代」と馬耳東風だが、「そんなことを続けていると呆けますよ」と告げると効果的面だという。

そこで、老人または老いをテーマにした映画について思いを巡らせてみた。もとより、老若男女はすべて、映画の重要な登場人物となる。だが、老人を主役級にした、しかも、老いに焦点を当てた作品となるとどうであろうか。ヨーロッパやアジアの映画に広く言及するだけの紙幅も知識も、今の筆者にはない（おそらく、アジア映画にはかなりありそうである）。そこで、日米を中心に考えてみたい。

筆者の承知する限りでは、老人や老いはハリウッドのお得意のテーマではないし、お気に入りのテーマでもない。老人が活躍する最も著名なハリウッド映画シリーズは、『ベスト・キッド』かもしれない。ジョン・G・アヴィルセラン監督によって一九八四年、八六年、八九年とシリーズ化され、クリストファー・ケイン監督が九四年に第四作目を手がけた。ひ弱な少年（第四作では少女）が沖縄出身の老人ミヤギ（ノリユキ・パット・モリタ）に出会い、空手を学ぶことで成長していく物語である（原題は『カラテ・キッド』）。当初ミヤギ役は三船敏郎に依頼されたが、断られて日系人のモリタが起用されたという。

このシリーズでは、たしかに老人が準主役である。だが、タイトルが示すように、主人公はあくまで少年（少女）であり、それとの対比で、そして、少年（少女）の成長を促すために老人キャラクターが設定されている。老いそのものがテーマではない。しかも、ミヤギは物静かだが空手の達人であり、いざとなると悪党たちをいとも容易く退治してしまう。そこに、老人の衰えは微塵もない。

ハリウッドで、同様の強い老人を繰り返し描いてきたのは、クリント・イーストウッドである。『スペース・カウボーイ』（二〇〇〇年）では、四〇年ぶりに宇宙に飛び立つ宇宙飛行士を演じ、『グラン・トリノ』（二〇〇八年）では寡黙で偏屈な老人を、そして、『人生の特等席』（二〇一二年）ではプロ野球の老スカウトマンを演じた。たしかに、イーストウッドは巧みに老いの孤独を演じてはいるが、彼が扮する老人たちはみな強く毅然としている。

こうした強く毅然とした老人の代表例は、アーネスト・ヘミングウェーの原作をジョン・スタージェス監督が映画化した『老人と海』（一九五八年）であろう。名優スペンサー・トレイシーが孤高の老漁夫を演じきった。原作者のヘミングウェー自身が健康を害し、老いを避けるように一九六一年にライフル自殺している。

やはり、ハリウッドのお気に入りのテーマは青春や若さであって、老人や老いではない。ヒスパニック人口の増大に支えられて、アメリカ人の年齢の中央値も三八歳と、先進国の中では若い（日本人の場合は四八歳で世界一高い）。

日本映画と老人

ハリウッドに比して、日本映画は老人と老いをはるかに正面から描いてきた。

まず思いつくのが、深沢七郎原作、木下惠介監督『楢山節考』（一九五八年）であろう。『老人と海』の映画化と同じ年だが、こちらは老いの悲哀を切々と描いている。信州の寒村で七〇歳になると楢山に捨てられるという、姥捨て山の物語である。田中絹代が渾身の名演技を披露した。一九八三年に今村昌平監督によってリメイクされ、カンヌ国際映画祭でパルムドールを受賞したが（カンヌは老人映画が好きなのかもしれない）、木下版の歌舞伎のような様式美の魅力を超えることはなかった。それでも、木下版の公開年の日本の高齢者（六五歳以上）はおよそ五〇〇〇万人で人口に占める割合はほぼ五％だったのに対して、今村版が公開された年には高齢者の数も割合も二倍以上になっていたから、リメイク時のほうが老いは深刻な社会問題であった。ちなみに、木下版の田中も今村版の主役・坂本スミ子も、老け役作りのために抜歯している。

同様に、文学作品が映画化されたものとして、谷崎潤一郎の原作で、市川崑《いちかわこん》監督『鍵』（一九五九年）と木村恵吾監督『瘋癲《ふうてん》老人日記』（一九六二年）がある。前者では年老いた夫（二代目中村鴈治郎《がんじろう》）の若い妻（京マチ子）に対する、後者では義父（山村聰）の嫁（若尾文子《わかおあやこ》）に対する、歪んだ性愛が描かれている。

『瘋癲老人日記』と同年には、社会派の巨匠・今井正が『喜劇　にっぽんのお婆あちゃん』を撮っている。主演はミヤコ蝶々と北林谷栄で、主な舞台は養老院である。北林（一九一一～二〇一〇）と言えば、日本を代表するお婆ちゃん役者であった。この作品には、主演の二人以外にも、飯田蝶子、浦辺粂子、岸輝子、東山千栄子ら、錚々たるお婆ちゃん役者が登場している。日本映画には、笠智衆《りゅうちしゅう》や志《し》村喬《むらたかし》をはじめ、加藤嘉《かとうよし》、また、前出の山村聰、大滝秀治など、老け役を得意とする男優の系譜もある（アメリカ映画でも、リー・J・コップのような例もあるが）。

そして、一九七三年には有吉佐和子原作、豊田四郎監督『恍惚の人』が登場する。森繁久弥が痴呆症を患う老人を、高峰秀子がその介護に忙殺される嫁を、それぞれ力演した。ここで描かれている糞尿に塗れた老人は、イーストウッドの演じる強く毅然とした老人とはほど遠い。

こうした老人映画の流れは、その後も続く。一九九五年には、新藤兼人監督『午後の遺言状』が、日本アカデミー賞の最優秀作品賞を受賞している。新藤はすでに八三歳であった。この作品は、避暑地の別荘で、老境に入った大女優（杉村春子）が、長年奉公してくれた管理人（乙羽信子）や痴呆症に罹った昔の同僚女優らと織りなす人間関係を、物静かに描いている。杉村にとっては最後の主演映画となり、乙羽にとっては遺作となった。

小泉堯史監督『阿弥陀堂だより』（二〇〇二年）では、妻の治療のため東京から信州に移住した夫婦が、阿弥陀堂を守る老婆（北林谷栄）との心の交流を通じて癒されていく様子が描かれている。長年老け役を得意としてきた北林も、実際に九一歳になっていた。それでも、彼女の演じたおうめ婆さんは九六歳という設定だから、実年齢を上回る（北林は一〇年に九八歳で死去した）。

二〇一二年公開の井上靖原作、原田眞人監督『わが母の記』では、樹木希林《きききりん》が作家（役所広司）の母を可愛らしく演じていた。同年の降旗康男《ふるはたやすお》監督『あなたへ』は、高倉健演じる夫が亡くなった妻の手紙を九州まで受け取りに行く、ロードムービーである。高倉はイーストウッドより一歳若いのだが、久々の映画出演ということもあって、頑固な老人を繰り返し演じてきたイーストウッドよりも、老いを強く感じさせるものがあった（ちなみに、高倉とジェームズ・ディーン、市川雷蔵はみな一九三一年生まれ）。また、大滝秀治が老漁師役で、「久しぶりにきれいな海ば見た」と語るが、本作が彼の遺作となった。

筆者がよく通った先斗町の老舗洋食屋の開陽亭には、大滝の色紙が飾ってあった。そこには、二〇一一年一〇月一日付で「もう駄目だと思ったり、まだやれると思ったり」とある。小津安二郎も、この店の常連だったという。吉村公三郎監督『夜の河』（一九五六年）では、山本富士子と上原謙がここでデートしていた。

日本映画が老人や老いを重要なテーマとして繰り返し描く背景には、当然、日本の社会事情がある。長らく、日本人は老人を家庭で世話し看取ってきた。だから、そうできない場合の例外として、姥捨て山はもとより養老院にも、切ない響きと非難の声が込められていた。だが、高度成長とともに高齢者人口は増大し続ける。日本の人口に占める高齢者の割合が七%を超えて、「高齢化社会」に突入したのは、一九六八年のことであった。明治維新から一〇〇年、大阪万博の二年前である。一九九四年には、これが一四％に達して、「高齢化社会」から「高齢社会」に移行した。松本サリン事件の年であり、阪神・淡路大震災の前年である。二〇三〇年には、全国の都道府県で高齢者の人口比が三割を超えると予想されている。だが、二〇二〇年段階ですでに二八・七％に達しているから、この予測よりも早いであろう。もはや、老いは個人や家庭の問題ではなく、社会問題なのである。だが、そのぶん老いを巧みに演じる役者は先細りしているようにも思う。

もちろん、高齢化はひとり日本だけの問題ではない。中国は日本の総人口を上回る高齢者を抱えており、あと数年で「高齢社会」に突入する。しかも、すでに労働力人口（一五〜五九歳）は急速に減少しつつある。二〇三〇年頃には、中国の国内総生産（GDP）はアメリカのそれを抜き、中国が世界一の経済大国になる勢いだが、それまでには中国の総人口も減少しはじめ、世界一の人口大国の地位をインドに奪われる。ジャッキー・チェン主演の『ベスト・キッド』のリメイク（二〇一〇年）が中国を舞台にしていたのも、中国の大国化のみならず高齢化の反映かもしれない。だが、このリメイク版でのチェンにも、老いや衰えはほとんど感じられない。

『愛、アムール』から随分と遠くまで来てしまった。先ほど、ハリウッド映画は老人や老いを得意のテーマとはしていないと述べた。もちろん、何事にも例外はある。一九八一年のマーク・ライブル監督『黄昏』ではキャサリン・ヘプバーンとヘンリー・フォンダが別荘で過ごす老夫婦を好演したし、八七年のリンゼイ・アンダースン監督『八月の鯨』では、当時九三歳のリリアン・ギッシュと七九歳のベティ・デイビス、七六歳のヴィンセント・プライスが共演している。ハリウッドが老人映画の傑作を生みだしたこの時期、日本経済は絶頂期であり、見るべき老人映画を産出していないことは、奇しき偶然であろうか。

ハリウッドの老人映画

最近のハリウッドは老人映画の傑作を連発している。イーストウッドが一〇年ぶりに監督と主演を兼ねた『運び屋』（二〇一八年）は、高齢の麻薬の運び屋の実話を基にしている。老人だから、捜査の網の目を長らく逃れてきたのである。運び屋は実に九〇歳という設定で、イーストウッド自身も公開時には八八歳であった。家族を省みなかった老人の改悛と麻薬捜査が並行して描かれている。

デヴィッド・ロウリー監督『さらば愛しきアウトロー』（二〇一八年）は、ロバート・レッドフォードの俳優引退作だという。この映画のアメリカ公開時には、レッドフォードも八二歳であった。主人公はこれも実在の銀行強盗で、逮捕と脱獄を繰り返してきたが、誰一人傷つけることはなかった。モデルとなった犯罪者は、二〇〇四年に八三歳で亡くなった。被害にあった銀行関係者は口々に、「紳士的だった」と語っている。作中には、『明日に向って撃て！』をはじめ、レッドフォードの往年の名作へのオマージュも散りばめられている。

そして、アダム・リフキン監督『ラスト・ムービー・スター』（二〇一七年）の主役は、バート・レイノルズである。忘れられた元スターが田舎の映画祭に招待されたことから、人生をふり返るという物語で、主人公とレイノルズが見事に重複する。レイノルズも一九七〇年代にはハリウッドの「マネーメイキングスター」とまで呼ばれたが、八〇年代後半から人気が低迷した。作中にかつての出演映画が織り込まれ、主人公は何度もイーストウッドやアル・パチーノの名前を口にする。レイノルズは二〇一八年九月に八二歳で亡くなったので、これが遺作になった。哀愁漂う秀作である。

イーストウッドやレッドフォード、レイノルズら一九三〇年代生まれの俳優たちが退場した後に、ハリウッドはどのように老いを描いていくであろうか。

イギリスとフランスの合作だが、フローリアン・ゼレール監督『ファーザー』（二〇二〇年）に触れないわけにはいかない。アンソニー・ホプキンス演じる八〇歳の主人公は、認知症の初期症状を呈するようになった。彼の混乱した記憶と視点から、家族やヘルパーとの関係が描かれているので、全体としてサスペンス映画のような仕上がりになっている。自身八〇歳を超えるホプキンスは渾身の演技で、二度目のアカデミー主演男優賞を史上最高齢で獲得した。

最後に、意外なお国、南米チリのドキュメンタリー映画も紹介しておこう。マイテ・アルベルディ監督『83歳のやさしいスパイ』（二〇二〇年）である。妻を亡くしたばかりの老人が、探偵会社のアルバイトに応募する。ある老人ホームに潜入して、入居中の女性が虐待を受けていないか調査するのが、仕事である。素人の老探偵が隠しカメラや盗聴器を用いて、入居者の交流や孤独が明らかになる。「虐待が心配なら、家族が会いに来るべきだ」と、素人探偵は雇い主に建言する。

このように、高齢問題は、今や先進国だけの悩みではなくなっている。

日本では、官民挙げて「人生一〇〇年時代」が喧伝されている。確かに、二〇一七年に生まれた子供の半数が一〇〇歳まで生きるかもしれず、二〇五〇年までに一〇〇歳以上の人口が一〇〇万人を突破すると予想されている。だからといって、現在の中高年の多くが一〇〇歳まで生きるわけではない。日本の平均寿命は、男性八一歳、女性八七歳であり、五〇年でも八四歳と九〇歳になるにすぎない。やはり、「人生一〇〇年」は狭き門なのである。キャッチフレーズに翻弄されずに、しっかりとライフプランを考えたいものである。

2　映画の中の不治の病

『風立ちぬ』と結核

宮崎駿監督『風立ちぬ』を、鳥取の風情のある映画館で鑑賞した。ヒロイン菜穂子の声を担当した瀧本美織が鳥取県出身だと、その時に偶然知った。映画を十二分に楽しむには、こうしたささやかな奇遇も愛玩しなければならない。

さて、評論家の立花隆氏が論じるように、この作品は明治国家の富国強兵殖産興業のドラマとみることも、美しくもはかないメロドラマとみることもできる。ここではあえて、後者の立場に立とう。ヒロイン菜穂子は結核に蝕まれている。それを知りつつ、否、だからこそ、主人公の堀越二郎は彼女と結婚する。この物語は、堀辰雄の『菜穂子』に基づいている。

結核には甘美な死の匂いが漂っている。とりわけ肺結核は明治初期まで労咳と呼ばれ、その後も多くの若者の命を静かに確実に奪った。新選組の沖田総司の命を奪ったのも、薩長の刃ではなく労咳であった。歌人の正岡子規もこの病に冒されて、血を吐いてまで歌い続けるというホトトギスにわが身を喩えた。やがて、徳冨蘆花《とくとみろか》が小説『不如帰《ほととぎす》』を著したことで、美人薄命の結核患者のイメージが広く定着した。

堀辰雄の『菜穂子』や『風立ちぬ』も、この路線上にある（映画を観た学生には、ぜひこれらの文学作品も読んでもらいたい）。第二次世界大戦後も栄養不足の中で、多くの若者が結核に罹り命を落とした。私事にわたるが、筆者の母も戦後の若い時期に結核を患い、婚期を大幅に遅らせた。親戚や友人さえほとんど訪ねて来ない療養所生活で、人の世の薄情を痛感したという。戦後のある時期まで、結核と診断されることは、エイズ（後天性免疫不全症候群）感染が判明するのと同じような衝撃と悲壮感を伴ったに違いない。いずれも死はゆっくりとやって来る（二一世紀に入ると、エイズ感染が必ずしも死を意味するわけではないようになってきた）。

そこで、今回は結核をはじめとする不治の病を描いた映画を辿ってみたい。

日本映画の描く難病

文芸作品を映画化した近年のものとしては、太宰治原作、富永昌敬監督『パンドラの匣』（二〇〇九年）がある。主人公のひばり（染谷将太）は戦後すぐに吐血し、山の診療所にやって来る。そこで多くの個性的な患者と出会い、看護師（川上未映子）に恋するのであった。ここでも死と恋が隣り合わせになっている。

年配の読者なら、幸田文原作、市川崑監督の『おとうと』（一九六〇年）をご記憶の向きもあろう。姉に岸恵子が扮し、弟を川口浩が演じた。二人は恋人のように仲がいい。弟が不良仲間と交際することに、姉は心を悩ませている。やがて、まだ若い弟が結核に罹り、姉の必死の看病のかいもなく亡くなる。名優・森雅之と田中絹代の二人が、姉弟の両親を演じた。撮影は宮川一夫で、「銀のこし」と呼ばれる脱色法を用いて白黒に近いカラー作品に仕上げ、風格を増した。後年（二〇〇九年）に山田洋次監督がリメイクしたが、姉（吉永小百合）と弟（笑福亭鶴瓶）の年齢がはるかに高くなり、市川作品の甘美な悲壮感はなくなってしまった。

結核は貧困による栄養不足や過重労働によって、いっそう切実なものになった。山本薩夫監督『あゝ野麦峠』（一九七九年）は、戦前に飛騨の寒村から信州・諏訪の製糸工場に年季奉公に出た女工（大竹しのぶ）が、健気に働きながらも、ついに結核で命を落とす物語である。女工の労働環境を誇張して描いているとの批判もある。それでもなかなか見ごたえのある大作だが、残念ながらビデオ化・DVD化されていない。久々に池袋の新文芸座で上映された折に、筆者は駆け込み鑑賞した記憶がある。

過酷な労働といえば、女工以上に遊女であろう。五社英雄《ごしゃひでお》監督『吉原炎上』（一九八七年）は、名取裕子演じる主人公はじめ、五人の花魁の人生を描いている。そのうちの一人、西川峰子の演じる花魁が、やはり結核に罹って客が取れなくなり、薄暗い布団部屋で悶絶死する。

もちろん、結核だけが不治の病ではなかった。黒澤明監督『静かなる闘い』（一九四九年）は、戦争中に手術で患者の梅毒に感染してしまった元軍医（三船敏郎）が、戦後に苦悩する物語である。第二次世界大戦中には、抗生物質として結核や梅毒の治療に効果のあるペニシリンが開発され米軍で使用された。戦後には、これが民間にも流通する。占領下の日本でも一九四七年から徐々に流通が始まった。

『静かなる闘い』の時代設定は、その過渡期であろう。ペニシリンの普及と戦後復興で、結核は必ずしも不治の病ではなくなった。しかし、映画は難病による恋人たちの離別を求め続けた。

東京オリンピックで沸く高度経済成長期の一九六四年に、齋藤武市監督『愛と死をみつめて』が公開された。前年に出版されベストセラーとなった実話の書簡集が原作である。吉永小百合演じるヒロインは難骨肉腫を患い（ちなみに彼女は同志社大学生）、浜田光夫演じる恋人が献身的に支える。しかし、結末は死別である。難病が愛の練度を高め、しかし、死別に終わる——不治の病をテーマにした映画には安定的な構図があった。それゆえ、凡俗にもなりやすい。

ところが、近年再び難病ものの映画が増えている。映画評論家の佐藤忠男が指摘するように、日本社会から身分や階級という意識が大幅になくなったからである。かつて、身分の差が愛し合う男女を引き裂き、親の反対を逃れるために彼らは時に駆け落ちした。駆け落ちは文学や演劇の格好のテーマであった。だが、身分の差のない今日、もはや駆け落ちは必要ない。そこで、愛し合う二人を引き裂くドラマに、難病や不治の病が再び求められるようになったのである。

ハリウッド映画では、アーサー・ヒラー監督『ある愛の詩』（一九七〇年）が古典的であろう。ライアン・オニールとアリ・マッグロー演じる男女は、家柄の差ゆえに反対する男の父（名優レイ・ミランド）を押し切って結婚するが、ほどなくして、女は白血病に冒される。「愛することは決して後悔しないこと」という名台詞でも知られる。

エイズという挑戦

結核が貧しかった頃の日本を象徴する不治の病だったとすれば、エイズは一九八〇年代以降世界中で不治の病の代名詞となった。とりわけアメリカでは、同性愛者と密接に結び付いてきた。ノーマン・ルネ監督『ロングタイム・コンパニオン』（一九九〇年）は、一九八一年から八九年までのゲイの交流を描いている。もちろん、彼らの上には、エイズによる死の影が重くのしかかっている。『ニューヨーク・タイムズ』紙がエイズによる死亡記事で、同性のパートナーのことを「ロングタイム・コンパニオン」（長年の同伴者）と婉曲に表現した。

ジョナサン・デミ監督『フィラデルフィア』（一九九三年）では、エイズに感染したゲイの弁護士（トム・ハンクス）が事務所を解雇される。彼は不当解雇に対して訴訟を起こし、同性愛に偏見を抱く黒人弁護士（デンゼル・ワシントン）とやがて固い友情で結ばれる。

『フォレスト・ガンプ』は一九九四年のロバート・ゼメキス監督の大ヒット作である。再びハンクスが主演であった。この作品でも、ガンプを捨てた元恋人（ロビン・ライト）がエイズに感染して、最後に故郷に戻って来る。ガンプは彼女を優しく受け入れるのであった。元恋人は「放埒な」一九七〇年代を代表し、ガンプは「純朴な」八〇年代を体現している。

ピーター・ホルトン監督『マイ・フレンド・フォーエバー』（一九九五年）は、子供が主人公である。隣に引っ越してきた少年が、輸血でエイズに感染していた。仲良くなった二人は、エイズの特効薬を求めてニューオーリンズに旅に出るが、特効薬は実在せず、少年はやがて亡くなってしまう。難病映画であると同時にロードムービーでもある。この組み合わせは、ジョン・シュレジンジャー監督『真夜中のカーボーイ』（一九六九年）やガス・ヴァン・サント監督『マイ・プライベート・アイダホ』（一九九一年）と同じである。ただ、ホルトン作品は幼い子供とエイズを結び付けた点で、より切ない。

ヨーロッパでは、ペトロ・アルモドヴァル監督の傑作『オール・アバウト・マイ・マザー』（一九九八年）が挙げられよう。息子を亡くした失意の母親が回想の旅に出て、エイズを患う若い修道女（ペネロペ・クルス）と出会う。しかも、二人は同性愛者の男性を通じて運命的に繋がっていた。

韓国でも、エイズをテーマにした映画は少なくない。二〇〇六年のカン・ジウン監督『とかげの可愛い嘘』と同じくパク・チンピョ監督『ユア・マイ・サンシャイン』はそれぞれ、エイズに感染した幼馴染の少女と妻を相手に、純愛が描かれている。いずれも女性が感染者で、前者では、いつも黄色い雨合羽を着た幼馴染の少女が、実は輸血でエイズに感染していた。彼女のペットがトカゲである。雨合羽は他人にエイズを移すまいとの配慮であり、トカゲも他人を避けるための小道具であった。不思議な再会の度に、主人公は彼女の「可愛い嘘」に惹かれていく。後者では、売春婦だった妻がエイズに感染していた。そこに暴力的な元恋人が現れたため、妻は夫の前から姿をくらまし、再び売春の世界に立ち戻る。それでも、夫は必死で妻を捜し、純愛を貫く。難病ものとしては珍しく、ハッピーエンドである。

映画の中では、結核患者はしばしば甘美に描かれてきたが、実際には差別と偏見にさらされていた。結核とエイズの共通点は死が緩慢な点だが、エイズには結核のような美的要素は乏しい。しかも、エイズは同性愛と結び付いて、さらに深刻な差別と偏見に直面してきた。これは映画でも繰り返し描かれてきた。宗教や人種についての差別を嫌う人でも、ジェンダー・マイノリティに対する偏見を乗り越えられていないことがある。日本ではとくにそうであろう。一九八〇年代に日本でエイズ患者が見つかった時には、いわゆる風俗営業店まで外国人客の入店を拒否した。当時の狂騒をご記憶の向きも少なくあるまい。エイズへの恐怖心と異質な者への排除の心性が組み合わさった末の、グロテスクな現象であった。

世界保健機関（WHO）によると、現在エイズの感染者は三八〇〇万人で、そのうち三割以上がサブサハラ周辺のアフリカの住民である。もはやエイズは同性愛者の奇病というイメージを超えて、世界的に貧困地帯と結び付いている。貧困層を中心とした病であるがゆえに、特効薬の開発が大幅に遅れているという。

人種、宗教、ジェンダー、そして病と、差別と偏見こそは、人類と映画にとって最も深刻かつ重要な不治の病なのであろう。

その後のエイズ映画　まず、ジャン＝マルク・ヴァレ監督『ダラス・バイヤーズクラブ』（二〇一三年）で、マシュー・マコノヒーが念願のアカデミー主演男優賞を獲得した。一九八五年、放埒な性生活を重ねて「エイズで余命三〇日」と宣告された主人公は、エイズの治療薬を入手しようと未承認のものまでを密輸して、やがてそれがビジネスに展開する。実在のロデオ・カウボーイがモデルで、彼はゲイではなくストレート、しかもホモフォビアであった。だが、命がけのビジネスを通じて、主人公はトランスジェンダーの青年とも友情を深めていく。

ロバン・カンピヨ監督『ＢＰＭ　ビート・パー・ミニット』（二〇一七年）は、一九九〇年代のフランスを舞台に、政府や製薬会社を相手に活動するエイズ感染者の若者たちを描いている。だが、仲間たちは一人また一人と亡くなっていく。死期の迫った若者の自慰行為を、その恋人が病室で手伝うシーンが、なんとも切ない。

やや古いが、難病をテーマにした名作に、もう一つだけ触れておきたい。

ジュリアン・シュナーベル監督『潜水服は蝶の夢を見る』（二〇〇七年）では、フランスの有名編集長が脳溢血のために全身麻痺に陥る。動かせるのは左の瞼だけである。だが、彼は言語聴覚士（『英国王のスピーチ』にも登場する）の助けを借りて、まばたきだけで言葉を表現し、実に浩瀚な自伝を出版するのである。これは実話で、原作者は二〇万回のまばたきで自伝を綴ったという。この映画は世界各地で数々の賞を総なめにした。

今や新型コロナウイルスが世界を席巻している。二〇二一年八月一七日段階で、感染者数が二億七八三万人、死者数は四三七万人に上る。パンデミック（感染爆発）の恐怖を描いた映画については、最後に改めて言及したい。

3　映画の中の親子

是枝裕和監督『そして父になる』（二〇一三年）を鑑賞した。英語のタイトルは"*Like Father, Like Son*"で、キャッチコピーは「六年間育てた息子は、他人の子でした」である。

「そして父になる」

まずは、ストーリーを紹介しよう。

福山雅治演じる主人公の野々宮は、都心の高層マンションに暮らし、大手建設会社で活躍するエリート、「勝ち組」である。妻のみどり（尾野真千子）との間には六歳になる息子の慶多がいる。慶多は優しすぎる性格だが、有名私立小学校への入学が決まったばかりだ。一見、絵に描いたように幸せな家族である。

ところが、みどりが慶多を産んだ群馬県の病院（みどりの実家の近く）から連絡があり、出産時に他家の赤ん坊と取り違えたことが判明する。慶多は他人の子供だったのである。野々宮夫妻はもう一方の夫妻と面会する。先方は群馬県で小さな電気屋を営む斉木夫妻（リリー・フランキーと真木よう子）で、三人の子供がいる。そのうちの長男・琉晴が野々宮夫妻の実子なのである。二つの家族は定期的に会い、慶多と琉晴はじめ斉木家の子供たちは仲良くなっていく。やがて、野々宮夫妻が琉晴を、斉木夫妻が慶多を、それぞれ一泊預かってみる。

経済的に余裕のある野々宮は、慶多と琉晴の双方を自分たちが引き取ることを提案するが、これはもちろん峻拒される。斉木夫妻は貧しいが、子供たちと温かく接し、幸せな家庭を築いていた。慶多もすぐになじんでいく。

さらに、衝撃的な事実が明らかになる。件の病院の元看護師が、再婚のストレスから、わざと両家の赤ん坊を入れ替えたというのである。二組の夫婦の怒りは収まらない。

実は、野々宮の育った家庭も複雑であった。かつて資産家だった父（夏八木勲）はすっかり落魄し、貧しいアパートで再婚した妻（風吹ジュン）とほそぼそと暮らしている。野々宮は、そんな父親に長らく反発してきたのである。だが、「子供たちはこれからどんどんそれぞれの親に似てくる」、「大事なのは血だ」という父の言葉に、野々宮は強く心を揺さぶられる。

ついに、野々宮は子供たちの交換を決意した。「あなたは初めから血を選ぶつもりだったのよ」と妻のみどりになじられるが、野々宮の決意は変わらない。両家はピクニックに出かけ、その後に慶多と琉晴を交換する。この間、社内で野々宮は静かに第一線を外される。

琉晴はなかなか野々宮夫妻になつかない。ようやく情感が通じ合うようになった頃、野々宮夫妻は琉晴が斉木家に心底戻りたがっていることを知り、さらに、野々宮は慶多の残した品や写真を発見して心を乱される。野々宮夫妻は琉晴を連れて、斉木家を訪問する。琉晴と兄弟たちは、再会を大喜びする。だが、慶多は野々宮に会おうとしない。「パパなんてパパじゃない」と、慶多は野々宮を拒絶する。「それでもパパだったんだよ。六年間はパパだったんだよ」という野々宮の叫びに、ついに野々宮と慶多は抱擁し、野々宮は「そして父になる」のであった。

かつて是枝監督は『誰も知らない』（二〇〇四年）で、屈折した親子関係、あるいは、その断絶（親による育児放棄）を描いて、主演の柳楽優弥《やぎらゆうや》に日本人初、史上最年少（当時一四歳）のカンヌ国際映画祭最優秀男優賞をもたらした。また、『海街 diary』（二〇一五年）では、父の死で異母妹が三人の姉と暮らすことになり、やがては本物の家族になっていく姿を丹念に描いた。今回は、血の繋がらない親子が本当の親子に変容する物語を、主として父親の視点から描いてみせた。そして、やはりカンヌ国際映画祭で審査員賞を受賞している。大したものである。伊藤弘了『仕事と人生に効く教養としての映画』（PHP研究所、二〇二二年）は簡にして要を得た映画の指南書で、親子関係を描く是枝監督と小津との類似性について論じている。

主人公の野々宮が体現しているのは能力主義と血統主義であり、独断と偏見のもとに論じれば、この組み合わせはナチズムと同じである。一見すると超人的な主人公も、実は複雑な家庭環境で育っていた。ナチズムを生んだドイツが、第一次世界大戦の敗戦経験に悩んでいたようなものである。社内でも左遷を経験し、野々宮はやがて慶多に許しを請う。本作はナチズムがヒューマニズムに敗北するドラマなのである。

野々宮家と斉木家は、きわめて対照的である。一方は都会、他方は田舎に暮らし、一方はエリート、他方は庶民である。あまりにも対比的で図式的な気がしないでもない。エリートの妻がたまたま田舎出身で出産に戻るというのも、いかにも便宜的な設定という気がする。格差の拡大とともに、エリートはますます都会と結びつきを強めている。エリート家庭ほど、医療施設の充実した都会での出産を望むであろうに。

また、ナチズムのドラマらしく、きわめて家父長主義的であり、野々宮家における母親、みどりの存在感が薄い。とはいえ、四人の好演と、夏八木や風吹、樹木希林らベテランの脇役、そして、何よりも生き生きとした子役たちの活躍によって、見応えのあるヒューマン・ドラマに仕上がっている。この監督は子役を実に巧みに使いこなす。

ちなみに、山崎貴監督『永遠の０』の公開を控えていたものの、夏八木は二〇一三年五月に世を去った。園子温《そのしおん》監督『希望の国』（二〇一二年）やウェーバー監督『終戦のエンペラー』（同）など、精力的な出演が続いていただけに、残念である。渋い笑顔や豪快な笑いが印象的な俳優であった。

映画の中の様々な父子——洋画の場合

そこで映画の中の親子について考えてみよう。もちろん、親子を扱った映画は内外とも枚挙に暇がない。以下、思いつくままの列挙である。

まず、海外の作品である。

ヴィットリオ・デ・シーカ監督『自転車泥棒』（一九四八年）といえば、イタリアン・ネオ・レアリスモの代表的作品である。ランベルト・マッジォラーニ演じる主人公は長い失業の末に、ようやく小さな仕事にありつく。ところが、自転車を盗まれてしまう。自転車なしでは仕事ができない。そこで、幼い息子と自転車を捜し歩くが、やがて日没になる。追い詰められた主人公は自分も自転車を盗み、子供の見ている前で逮捕されてしまう。子供の哀願のゆえに許され、親子は夕暮れの街で寂しく帰路に就くのだった。エリートの野々宮とは好対照の父親像だが、敗戦国の疲弊した社会と親子の情を見事に描き出していた。

ジョン・スタインベック原作、エリア・カザン監督『エデンの東』（一九五五年）は、ジェームズ・ディーンを初めて主役にすえ、一躍スターにしたことで知られる。主人公は死んだはずの母親が港町で酒場を営んでいることを知って再会を図り、また、厳格な父親に愛されていないと思い悩む。マザー・コンプレックスとエディプス・コンプレックスが錯綜するが、主軸は後者である。

フランシス・コッポラ監督『ゴッドファーザー』（一九七二年）は、マフィアの物語ではあるが、タイトルの示すように、エディプス・コンプレックスをテーマにした親子の絆の物語でもある。「ゴッドファーザー」こと、マフィアのドン・ヴィットリオ・コルレオーネ（マーロン・ブランド）が病に倒れた。後継者のはずの長男（ジェームズ・カーン）はすでに抗争で殺されている。長男の親友でヴィットリオの養子になった敏腕弁護士は、他のマフィア組織との協調を模索するが、うまくはいかない。やがて、マフィアの世界を最も嫌っていた内気な三男（アル・パチーノ）が一家を率い、血で血を洗う抗争を戦い抜いて、新たな「ゴッドファーザー」に生まれ変わるのである。

実は、『ゴッドファーザー・ドクトリン――外交政策の比喩』という論文まである。ドン・コルレオーネはアメリカの覇権を象徴しており、その覇権が揺らいだ時、長男の対応は粗暴な力の行使という意味で「ネオコン」（新保守主義）的であり、養子の対応は話し合い重視のリベラル制度論に近く、三男こそが硬軟を巧みに使い分けるリアリストだというのである。

もちろん、ジョージ・ルーカスが生み出した『スター・ウォーズ』シリーズ（一九七七年～）も、ダース・ベイダー卿ことアナキン・スカイウォーカーとルーク・スカイウォーカーとの親子の葛藤の物語でもある。ベイダー（Vader）はドイツ語の父親（Vater）を容易に連想させよう。

ロベルト・ベニーニ監督・脚本・主演の『ライフ・イズ・ビューティフル』（一九九七年）も印象深い。アカデミー主演男優賞を受賞した他、やはりカンヌ国際映画祭で審査員賞を獲得している。第二次世界大戦下のイタリアで、ユダヤ人の父子が強制収容所に送られる。だが、幼い子供を絶望から救うため、父親は「これはゲームなんだ、我慢して一〇〇〇点貯めたら戦車がもらえる」と嘘をつきとおす。やがて父親は殺されるが、最後までユーモアを忘れず、子供は無事に連合軍によって解放され、戦車に乗って帰還するのであった。

以上、まったく恣意的な羅列ではあるが、西洋の映画では父子の関係を描いた作品が印象に残る。そういえば、アメリカの人気俳優ウィル・スミス主演の近作『メン・イン・ブラック３』（バリー・ソネンフェルド監督、二〇一二年）と『アフター・アース』（M・ナイト・シャマラン監督、二〇一三年）はともにSFで、やはり親子関係がテーマになっている。とくに、後者ではスミスは長男のジェイデンと親子役で共演している。

映画の中の様々な母子――邦画の場合

それに対して、邦画では母子関係が主軸であろう。古くは、小津安二郎監督『一人息子』（一九三六年）がある。夫を亡くした主人公の飯田蝶子が、成績のいい一人息子（日守新一）を苦労して東京に進学させる。だが、期待をかけた一人息子は冴えない夜学の教師になり、母親の知らないうちに結婚して子供までもうけていた。

長谷川伸原作の『瞼の母』は、若いやくざが幼い時に別れた母親を尋ねあてるが拒絶される物語で、一九三一年、五五年、六二年と三度映画化されている。主演はそれぞれ、片岡千恵蔵、若山富三郎、そして中村錦之助である。

木下恵介が戦時下に監督した『陸軍』（一九四四年）も忘れがたい。基本的に陸軍肝煎りの戦意高揚映画なのだが、ラストシーンでは、出征していく息子を田中絹代演じる母親が涙ながらに必死に見送る。木下のささやかな抵抗であり、陸軍の怒りを買ったと伝えられる。また、その戦時下の木下を主人公にした原恵一監督『はじまりのみち』（二〇一三年）では、加瀬亮の演じる木下と田中裕子の演じる病弱な母親の情愛が描かれていた。

戦後には、「母もの」と呼ばれる一連の作品が流行った。主演は望月優子である。代表作は木下監督『日本の悲劇』（一九五三年）であろう。戦争未亡人の母親が子供たちに離反され、自ら死を選ぶ。他にも、市川崑監督、岸恵子主演『かあちゃん』（二〇〇一年）、山田洋次監督、吉永小百合主演『母べえ』（二〇〇八年）などの近作も思い出される。

もちろん、小津監督が父（笠智衆）と一人息子（佐野周二）との情愛を描いた『父ありき』（一九四二年）や、より最近では、東日本大震災を背景に、死期の迫った父親（仲代達矢）と失業中の息子（北村一輝）との葛藤を白黒で描いた小林政広監督『日本の悲劇』（二〇一二年）、それに、妹尾河童原作、降旗康男監督『少年H』（二〇一三年）など、父子を描いた邦画も少なくはない。

日本は男性優位社会だが、家庭では母の存在が大きかった。ウェットな母子関係を描いた映画が、父子関係を描いたそれを質量ともに圧倒しているのは、そのためであろう。だが、家族や家庭が多様化し、時には崩壊する中で、微温的な母子関係を描く作品も減少していくのかもしれない。

そうした中で、『そして父になる』はかなり例外的な力作であり、やはりナチズム打倒の物語なのである。だからこそ、カンヌで評価されるのだと、一人で得心する次第である。この作品は父子の和解で終わるが、やがて慶多が野々宮に強いエディプス・コンプレックスを抱き、苦しみ続けるであろうことはおよそ自明である。

その後の親子映画

リチャード・リンクレイター監督『六才のボクが、大人になるまで。』（二〇一四年）は、母親と養父、そして息子の関係の変化を、実際に一二年間かけて撮影したもので、息子は六歳から一八歳に成長していった。一二年間を凝縮した二時間四五分が淡々と流れていく。

レニー・エイブラハムソン監督『ルーム』（二〇一五年）も衝撃的である。若い女性が小さな部屋に監禁され、そこで生まれた子供が五歳にまで成長している。母子は決死の思いで部屋から脱出するが、その後の社会適応に悩むことになる。二四年間も実父によって地下室に監禁され強姦されて七人もの子供をもうけたという、オーストリアでの実話、フリッツル事件に基づいている。

ショーン・ベイカー監督『フロリダ・プロジェクト――真夏の魔法』（二〇一七年）の母子は、フロリダにあるウォルト・ディズニー・ワールド近くの安いモーテルに長期滞在している。住居も定職もないからである。やがて、生活に窮した母親は売春に手を染め、福祉事務所に子供を奪われそうになる。リーマン・ショック後のアメリカで、豊かさの側にある貧困がリアルに描かれている。

ジェームズ・グレイ監督『アド・アストラ』（二〇一九年）は、優秀な宇宙飛行士が一六年前に宇宙で行方不明になった父親を探し出す物語で、地球を襲う電磁波の元凶がこの父親だと軍上層部は疑っている。エディプス・コンプレックスと父子の和解がテーマであり、かつての英雄が権力に背いて地元でモンスター化するという点で、宇宙版『地獄の黙示録』でもある。タイトルはラテン語で「宇宙の彼方へ」という意味だという。

中野量太監督『湯を沸かすほどの熱い愛』（二〇一六年）では、死期の迫った中年女が失踪した夫を探し出して連れ子ごと引取り、養女にも実母を引き合わせて、休業中だった銭湯を再開させる。銭湯というややアナクロな空間を舞台に、誰一人血縁でない家族の絆の深さが描かれている。

是枝監督『万引き家族』（二〇一八年）も擬似家族の物語である。年金暮らしの老女の家屋に身を寄せる親子は万引きで生計を立てており、しかも実は血縁関係にはない。しかし、彼らの絆は血縁より固い。東京の下町の地上げを免れた古い家屋という設定が、やはりこの擬似家族を成立させている（この家を売れば万引きなどせずにすむのだが、そう言ってしまえば、実も蓋もない）。カンヌ国際映画祭でのパルムドール受賞は、今村昌平監督『うなぎ』（一九九七年）以来の快挙であった。是枝監督は家族にこだわり続け、カンヌはこれを大いに多としたのである。オバマ大統領も鑑賞したという。

『真実』（二〇一九年）では、是枝はフランスを舞台に大女優カトリーヌ・ドヌーヴを起用して、奔放な大女優とその娘の愛憎を描いている。演技と日常が交差し、母の親友だった女優（すでに亡くなっていて実際には登場しない）をめぐる母子の嫉妬と愛惜が浮かび上がる。

アイラ・サックス監督『ポルトガル、夏の終わり』（二〇一九年）も、死期の迫った大女優が主人公で、彼女がバカンスに家族を集める。自分の女友達と長男を結婚に誘う思惑だったが、家族の人間関係は錯綜していく。観光地として名高いシントラの景観が美しい。

さらに、大森立嗣監督『ＭＯＴＨＥＲ　マザー』（二〇二〇年）は、実話に基づく衝撃的な作品である。長澤まさみ演じるシングルマザーと息子は共依存に陥っており、野放図な生活を重ねている。母に命じられて、息子は祖父母を殺害して金銭を奪うが、逮捕されてもなお母を庇い続ける。破廉恥な母、冷酷な親は映画に数々登場するが、ここでは救いようのない母子関係が突きつけられている。この母と祖母との関係も緊張している。

4　映画の中の執事と女中

『大統領の執事の涙』

アメリカのオバマ元大統領は、野党の強硬な反対に悩まされ、二期目には人気も低迷した。ところが、以前にも紹介したように、映画の世界では、スティーヴン・スピルバーグ監督『リンカーン』（二〇一二年）をはじめ、エイブラハム・リンカーンやホワイトハウスをテーマにした作品が、オバマ時代に次々に公開された。

そうした中でも、リー・ダニエルズ監督による『大統領の執事の涙』(二〇一三年)は、ホワイトハウスの黒人執事を主人公にした異色作である。セシル・ゲインズ(フォレスト・ウィテカー)は一九二〇年代の南部でハウス・ニガー(家庭用の下僕)として育ち、努力の末、一九五七年にホワイトハウスの執事に雇用される。以後、ドワイト・アイゼンハワーからロナルド・レーガンに至る七人の大統領に、三〇年近くにわたって身近に仕えた。

この映画には、三つのテーマが力強く提示されているように、筆者は思う。

まず、歴史である。一九二〇年代と五〇年代、そして、八〇年代は、いずれも保守優位の時代であった。実際、レーガンはスタイルやイメージでアイゼンハワーを意識的に模倣している。また、ロバート・ゼメキス監督『バック・トゥ・ザ・フューチャー』は、一九八五年から五五年にタイムスリップするし、八〇年代に登場したマドンナは五〇年代のマリリン・モンローをモデルにしている。だが、黒人の公民権運動をはじめとする社会的変化が、この間にゆっくりと、しかし、確実に進んできたことを、この映画は示している。その先に、オバマ大統領の登場があった。本編は老いたセシルがオバマのホワイトハウスを訪ねるシーンから始まるから、これこそリベラル版の『バック・トゥ・ザ・フューチャー』であろう。

在米の映画評論家・町山智浩氏は、『大統領の執事の涙』とゼメキスの『フォレスト・ガンプ／一期一会』(一九九四年)を重ねて論じている。いずれも一九五〇年代から八〇年代を扱いながら、本作が黒人の視点に立っているのに対して、『フォレスト・ガンプ』は徹頭徹尾白人中心史観だというのである（町山智浩「『フォレスト・ガンプ』が隠したアメリカ史を暴く『大統領の執事の涙』」、『大統領の執事の涙』のパンフレット所収のコラム）。

次に、愛国心である。セシルの長男は何度も逮捕されながら黒人の公民権運動に身を投じ、一時は戦闘的なブラック・パンサーにも参加する。他方、次男はベトナム戦争に進んで従軍し、戦死した。父と長男は衝突するが、父が執事をやめる頃に和解する。勤勉を通じて地位の向上を図る父と、より平等な社会を過激に求める長男、祖国のために戦場に赴く次男――やや図式的ではあるが、愛国心の表出が決して一様ではないという、自明だが閑却されがちな事実を、やはり、この映画は提示している。他方で、愛国心という言葉は、しばしば安易な自己正当化にも用いられる。「愛国心とは悪人の最後の避難場所である」とは、碩学サミュエル・ジョンソンの格言である。自分とは異なる愛国心の表現や他国の愛国心をどこまで許容できるのかは、「売国奴」といった言葉が安易に使われる今日の日本にとっても、重たい問いかけであろう。この点については、将棋面貴巳《しょうぎめんたかし》『日本国民のための愛国の教科書』（百万年書房）が平易かつ示唆に富む。

第三に、偶像である。もとより、歴代の大統領はそれぞれ偶像たりうる。しかし、この作品でも、ジョン・F・ケネディへのセシルの憧憬は格別である。若く颯爽としていながら暗殺された、この悲劇の英雄は、リンカーンやフランクリン・ローズヴェルトに次いで、映画が最も頻繁に描いてきた実在の大統領である。政治のエンターテインメント化に拍車をかけたのも、華やかなケネディ一家であった。そもそも、ハリウッドにはリベラル・バイアスが強いし、黒人層にもケネディの人気は高い。

オバマが「ブラック・ケネディ」と期待された所以でもある。ただし、ケネディはニクソンとの僅差で当選しており、議会も協力的ではなかった。そのため、大統領は一九六二年のキューバ・ミサイル危機のような外交面では手腕を発揮したものの、公民権運動や貧困問題のような内政面では格別の業績を挙げたわけではない。ケネディの暗殺後に、それらはより保守的な後継者リンドン・B・ジョンソン大統領の成果となる。

ちなみに、この作品には、幼いキャロライン・ケネディも登場する。彼女が駐日大使に起用された際、日本のみならずアメリカでも大きな話題になった。「ケネディ神話」の根強さが、この作品からもうかがい知れよう。

アメリカ政治に関心をもつ者にとって、本作は見逃すことのできない重厚な映画である。

映画の中の執事

さて、『大統領の執事の涙』によると、執事は空気のような存在でなければならないという。とはいえ、存在感豊かな執事たちが、映画にはたびたび登場する。最近では、大谷健太郎監督『黒執事』というコミックの映画化（主演は水嶋ヒロ）や久万真路《くましんじ》監督『うちの執事の言うことには』（二〇一九年）など、執事の登場する映画が日本でも増えている。貴族社会を誇張してコミカルに描いているが、身分や階級への深い洞察があるわけではない。

執事が重きをなす映画で、すぐに思いつくのは、なんといってもジェームズ・アイヴォリー監督『日の名残り』（一九九三年、イギリス・アメリカ）である。原作はカズオ・イシグロが一九八九年に刊行した、ブッカー賞受賞の小説である。周知のように、イシグロは二〇一七年にノーベル文学賞も受賞した。映画の方も、アカデミー賞で主演男優賞、主演女優賞、美術賞、衣装デザイン賞、監督賞、作曲賞、作品賞、脚本賞の八部門でノミネートされた。主演は、アンソニー・ホプキンスとエマ・トンプソンである。

原作が発表された一九八九年は、日本では昭和の終焉、ヨーロッパでは冷戦の象徴たるベルリンの壁崩壊の年に当たる。また、映画が公開された一九九三年は欧州連合（EU）条約（マーストリヒト条約）が発効し、アメリカで民主党のクリントンが大統領に就任した年である。冷戦の終焉前後といえる。

一九八〇年代初頭から、過去のイギリスをノスタルジックに描く、ヘリテージ映画と呼ばれる一連の作品が登場していた。「鉄の女」マーガレット・サッチャー首相時代の文化的産物である。この連載がタイトルに借用した『眺めのいい部屋』（一九八六年）をはじめ、『モーリス』（一九八七年）、『ハワーズ・エンド』（一九九二年）などである。いずれも、フォースター原作、アイヴォリー監督、マーチャント・アイヴォリー・プロダクションの製作で、『日の名残り』もこの系譜に属する（大谷伴子ほか編『ポスト・ヘリテージ映画——サッチャリズムの英国と帝国アメリカ』上智大学出版、二〇一〇年）。

一九二〇年代から三〇年代を中心に、ドイツとの和解に努めるダーリントン卿のもとで、執事のスティーヴンス（ホプキンス）は無私の奉公をしていた。女中頭のミス・ケントン（トンプソン）との淡い恋もついに実らない。第二次世界大戦が終わり、ダーリントン卿も亡くなり、屋敷はアメリカ人実業家（スーパーマンこと、クリストファー・リーブ）の手に渡る。スティーヴンスは休暇をもらい、今や人妻となったケントンを訪ねるが、恋心を告白できないまま戻ってくる。初老の男女は、夕暮れのバス停で別れる。「一日も人生も夕暮れが一番美しい」と、去りゆくスティーヴンスは語る。タイトル「日の名残り」の所以である。そして、それは落日の大英帝国への惜別の言葉でもある。また、「一日がいかにすばらしかったかは、夕刻にならねばわからない」とは、古代ギリシアの哲学者ソフォクレスの言葉で、政治的に何度も失脚を経験したニクソン大統領が、この言葉を愛していた。

やはり、執事ものは階級社会イギリスやその周辺が舞台であることが多い。発音や抑揚、身振りも、階級の差異を表現する上で重要である。

ロドリゴ・ガルシア監督『アルバート氏の人生』（二〇一一年、アイルランド）はご存じであろうか。一九世紀のアイルランドはダブリンで、早くに両親を亡くした貧しい女性（グレン・クローズ）が生活のために男装し、執事として生涯を送る物語である。主人公のアルバート（実は女性）は、こつこつと蓄財し、小さなタバコ屋を経営することを夢見ていた。若い女中（ミア・ワシコウスカ）に密かに恋して、求婚するが受け入れられず、孤独のうちに亡くなってしまう。この作品もアカデミー主演女優賞、助演女優賞、メイクアップ賞にノミネートされた。階級社会にセクシュアリティーの問題を絡ませており、興味深い。

こうした献身的で洗練された執事の役には、やはりイギリス人俳優がよく似合う。クリストファー・ノーラン監督による新生『バットマン』シリーズの執事役マイケル・ケインも、イギリスの名優である。労働者階級の出身で、二〇〇〇年にはナイトの称号を叙された。筆者にとって、とりわけ印象的なのは、ウィルフリッド・ハイド＝ホワイトである。ジョージ・キューカー監督『マイ・フェア・レディ』（一九六四年、アメリカ）のピカリング大佐役で知られる。テレビドラマではあるが、『刑事コロンボ』シリーズ「ロンドンの傘」（一九七二年）での執事役は、忘れがたい。

映画の中の女中

日本映画では、父親よりも母親であり、執事よりも女中であろう。テレビドラマでは、市原悦子主演の『家政婦は見た』シリーズや松嶋菜々子主演の『家政婦のミタ』は大ヒットした。もちろん、家政婦には女中のような階級性は乏しい。

『大統領の執事の涙』に少し先立って公開された山田洋次監督『小さいおうち』では、女中のタキ（黒木華）が重要な役割を果たしている。タキは『おしん』のように雪深い山形の山村から、昭和一〇年（一九三五）に上京し、赤いモダンな屋根の「小さいおうち」に奉公する。だが、この「小さいおうち」は、少なくとも筆者にはまったく小さくない。また、晩年のタキ（倍賞千恵子）の回想を親戚の若者（妻夫木聡）が追っていくという展開だが、これは山崎貴監督『永遠の０』（二〇一三年）や佐藤純彌監督『男たちの大和／ＹＡＭＡＴＯ』（二〇〇五年）と同じスタイルである。山田監督は登場人物に戦時下の世相を批判させ、当然、それは今の世相への批判と重なるのだが、回顧趣味的な手法という点では、今日の保守的な世相にしっかりと迎合している。

『小さいおうち』はささやかなサスペンスとして大いに楽しめるし、俳優陣も好演である。しかし、女中を擁する赤い屋根のモダンなおうちを舞台にした段階で、時代や世相への批判は解毒されてしまったのかもしれない。

執事と女中の舞台

今から一世紀以上前に、巨匠セシル・B・デミル監督が『男性と女性』（一九一九年）を手がけている。アメリカの大富豪一家が豪華船で旅に出るが、嵐で難破してしまう。無人島の生活では上流階級の人士は何の役にも立たず、逞しい執事がリーダーになり、富豪の娘も彼の女になってしまう。極限状態での身分の逆転、つまりは革命である。だが、数年後に彼らは救出され帰国する。すると、再び旧来の身分秩序が復活するのである。グロリア・スワンソンが富豪の令嬢をエロティックに演じている。アメリカの富豪たちのイギリス貴族へのコンプレックスや、第一次世界大戦後の快楽主義的なアメリカ社会の様子がうかがえる。

日本ではそのものずばり、田坂具隆《たさかともたか》監督『女中ッ子』（一九五五年）がある。左幸子演じる主人公は秋田から上京し、加治木家の女中になる。旦那様は車の送り迎えがつくような、エリートのホワイトカラーである。この家のひねくれ者の次男が彼女になつき、「女中ッ子」と呼ばれるようになる。だが、その次男が拾ってきた仔犬の飼育をめぐる誤解から、女中は冷たく解雇されてしまう。女中と仔犬のイメージが重なる。一九七六年には、森昌子主演で『どんぐりっ子』としてリメイクされている。戦後の日本では身分や階級は一応なくなったが、高度経済成長期までは都会と田舎の格差が、経済的のみならず文化的にも社会的にも、厳然と残っていた。

マイケル・エングラー監督『ダウントン・アビー』（二〇一九年）は、イギリス貴族グランサム伯爵家と使用人たちを描いて、世界的に大ヒットしたテレビドラマ・シリーズ（二〇一〇～一五年）の映画化である。ヨークシャーの架空のカントリーハウスの名前がダウントン・アビーで、映画では一九二七年にこの屋敷を国王ジョージ五世夫妻が訪問する。『日の名残り』の前半と重なる時代設定である。英米の執事は田舎の豪邸（カントリーハウス）を、日本の女中は山の手のアッパーミドルの住居を舞台に、映画で活躍してきたのである。

5　映画の中の近親相姦

『私の男』と『渇き。』

二〇一四年に熊切和嘉《くまきりかずよし》監督『私の男』がモスクワ国際映画祭で最優秀作品賞（グランプリ）を獲得し、主演の浅野忠信も最優秀主演男優賞を受賞した。原作は桜庭一樹の直木賞受賞作品で、近親相姦を正面から取り上げた衝撃作である。

モスクワ国際映画祭のグランプリといえば、古くは新藤兼人監督の『裸の島』（一九六一年）や同監督『裸の十九才』（一九七一年）、黒澤明監督『デルス・ウザーラ』（一九七五年、日ソ合作）が思い起こされる。新藤監督は『生きたい』（一九九九年）で、実に三度目のグランプリを受賞している。姥捨て山民話を白黒に収めつつ、現代の老人問題をテーマにした作品である。三國連太郎が脱糞老人を、大竹しのぶが躁鬱病の娘を力演した。近年では、大森立嗣監督『さよなら渓谷』（二〇一三年）が審査員特別賞を獲得している。こうして作品名を並べると、人生や社会の悲哀を好む、モスクワの傾向がはっきりと読み取れよう。

さて、『私の男』である。一九九三年、北海道を襲った地震と津波で、一〇歳の少女・花は家族を失う。遠縁の淳悟（浅野忠信）が彼女を引き取ることになる。「今日から俺はおまえのものだ」と、青年は少女の手を握り締めるのだった。

やがて、花（二階堂ふみ）は中学生になり、淳悟は海上保安庁に勤務している。彼には恋人もいた。恋人の祖父は町でも尊敬される大塩（藤竜也）であり、淳悟親子のことをいつも気にかけている。だが、淳悟と恋人との関係は、うまくいっていない。花の存在のためである。親子の関係が濃密すぎるのである。「あの人ね、寂しくて、じっと我慢してるの。家族っていう心がほしい。それだけでいいって」と、娘は義父の心をその恋人に語る。

ほどなく、淳悟と花は一線を越えて、肉体関係をもってしまう。大塩はそれに気づき、花を別の親戚に預けようとする。流氷の上を走る花を大塩が追いかける。「あんな男に所詮、家族なんて無理なんだよ。わかってた！」。「アンタ知らないんだ！　アンタとあの男は」と語る大塩に、「そんなの知ってるよ！」と花は叫びかえす。実は、淳悟と花は遠縁どころか、実の親子だったのである。「そんなことは神様がお許しにならないんだ！」と絶叫する大塩に、花は「私が許す！」と切り返し、大塩は割れた流氷とともに海に飲み込まれてしまう。

世間を避けるように、淳悟と花は上京する。

淳悟はタクシーの運転手になり、親子は貧しい長屋暮らしをしている。大塩の事故の真相を知った地元の刑事が訪ねてくると、淳悟は彼を殺してしまう。やがて、高校生からＯＬになった花は、若い会社員とデートするようになるが、淳悟はそれに耐えられないのだった。

近親相姦、しかも、中学生相手の近親相姦、そして、殺人――エロスとタナトスの共存、人間の性《さが》や業《ごう》を、この映画は余すところなく描いている。浅野の演じる主人公の、腐野という風変わりな姓も象徴的である。また、北海道の辺境や東京の場末が、格好の舞台を提供している。腐野は娘の性器を愛撫してやまず、若い男性に嫉妬する。そんな主人公のエロティシズムを、浅野は見事に演じている。また、中学生からＯＬまでの変遷を演じきった二階堂も、秀逸である。淳悟以外の人間に理解されることを、花はほとんど拒否している。藤の演じる大塩は人格者で、近隣でも広く尊敬されている。しかし、その大塩も若い頃はプレイボーイだったようで、バブル期には、札幌のすすきので風俗店を経営していたという噂もある。藤の抑制された演技が、枯れた男の性や業、そして、色気を巧みに表出している。そう、この作品は、藤がかつて主演した大島渚監督の『愛のコリーダ』（一九七六年、日仏合作）を、あの愛欲と不快感を思い起こさせるのである。

『私の男』とほぼ同時期に公開されたエロティックで不気味な作品が、中島哲也監督『渇き。』である。原作は深町秋生の『果てしなき渇き』である。

役所広司演じる主人公は、アルコール依存症気味の元刑事で、直接的には妻の不倫が原因で離婚している。ところが、別れた妻から連絡があり、一人娘の高校生・加奈子（小松菜奈）が行方不明だという。そこで、娘捜しに乗り出すと、実は、加奈子はやくざと付き合い、友人に薬物を売りさばいて、売春にも従事していたことが明らかになる。その上、薬と暴力を用いて、クラスメートたちにも男女を問わず売春をさせていたのである。しかも、娘はやくざにも警察にも追われていた。両親はまったく娘を理解していなかった。「クソガキ、おれの手でぶっ殺す！」と、父親は執念を燃やすのだが。

娘がここまで堕落した背景には、家庭の破綻がある。とくに、酒に酔った父親が娘を暴行したことが示唆されている（ただし、どこまでが事実であるかは意図的に定かになっていない）。とすれば、ここでも近親相姦がテーマなのである。そういえば、少なくとも、筆者のような中年男性（いや、そろそろ初老か）からすると、理解不可能な少女という点で、『私の男』の花と『渇き。』の加奈子はよく似ている。この理解されることへの拒絶は、哲学的ですらある。ちなみに、この『渇き。』にも、二階堂ふみが不良少女の役で登場して、存在感を示している。「何でみんな、加奈子に夢中になるの？」と、彼女はつぶやく。

二作品とも力作だが、筆者は深みという意味で『私の男』に軍配を上げる。二人の少女はともに謎に満ちているが、加奈子の悪意は明確である。また、二人の父親を比べても、アルコールや薬物に依存していない点で、浅野の演じた腐野のほうが、平凡な「われわれ」に近い存在である。もちろん、エキセントリックな表現は、『告白』（二〇一〇年）を手がけた中島監督の得意とするところである。一方で「モンスター・ペアレント」が学校を徘徊し、他方で、老人たちが孤独死していく社会にあって、親子の関係、最も近くにあって惹かれあう男女、理解しあえない男女を、両作品とも正面から描こうとしている。

『マレフィセント』と『美しい絵の崩壊』

近親相姦やそれを示唆する親子関係を描いた映画は、国内外で多数ある。

まずは、アルフレッド・ヒッチコック監督の『サイコ』（一九六〇年、アメリカ）が想起される。アンソニー・パーキンス演じる主人公は、嫉妬のために愛する母親を殺し、その罪に怯えて、母親の死体とともに暮らし、時には母親の人格を演じるまでに至る。映画史上に残る名作である。

近年の海外の作品にも、疑似近親相姦を読み取れるものがいくつかある。

一つは、ロバート・ストロンバーグ監督『マレフィセント』（二〇一四年、アメリカ）である。ウォルト・ディズニーによる往年の名作『眠れる森の美女』（一九五九年）を、オーロラ姫に呪いをかける邪悪な妖精マレフィセントの側から描いた作品で、主人公を演じるアンジェリーナ・ジョリーは製作も手がけている。

人間の王国と妖精の国が対立する中、マレフィセントは妖精の国を守っていた。ある日、人間の若者ステファンと出会い、恋に落ちる。マレフィセントが一六歳になると、ステファンは「真実の愛のキス」をした。しかし、やがて男は豹変し、出世と権力にとりつかれる。ステファンは昔の恋人・マレフィセントを騙して、彼女の立派な翼を奪い、それを国王に献上することで、次の王位を獲得した。

新王ステファンに娘オーロラが誕生すると、復讐に燃えるマレフィセントが現れ、王女が一六歳になると永遠の眠りに落ちるという魔法をかける。この魔法を解くことができるのは「真実の愛のキス」だけだが、そんなものはどこにも存在しないのだ。

ステファンは三人の小さな妖精に命じて、オーロラ姫を城の外で密かに育てさせる。だが、マレフィセントはそれを知って、常に姫の成長を監視していた。やがて、美しく優しいオーロラ姫を、マレフィセントは愛するようになる。彼女は自分が姫にかけた呪いを解こうとするが、それは叶わない。呪いどおりオーロラ姫は一六歳の誕生日に永遠の眠りに落ちた。白馬に乗った王子が登場し、眠れる森の美女にキスするが、何の効果もない。ところが、悲嘆に暮れるマレフィセントが姫の額に優しくキスすると、オーロラ姫は目を覚ますのだった。これこそが「真実の愛のキス」だったのである。

もとより、マレフィセントとオーロラは親子ではないが、疑似的な親子関係を発展させている。白馬に乗った王子ではなく、「義母」の「真実の愛のキス」が眠れる森の美女を救うとすれば、そこにある種の近親相姦を読みとることは容易であろう。しかも、オーロラ姫の子役はジョリーとブラット・ピットの実子だそうである。男の裏切りでマレフィセントから奪われた翼は女性の自立や自由の象徴であり、三人の小さな妖精たちは、家事労働のために家に閉じ込められた女性たちの戯画であろう。この映画に登場する男性は、いずれも薄情であったり無力であったりする。全体にレズビアンのテイストさえ看取できよう。

もう一本は、アンヌ・フォンテーヌ監督『美しい絵の崩壊』（二〇一三年）で、原作はノーベル賞作家のドリス・レッシングである。二人の美しい親友（ナオミ・ワッツとロビン・ライト）がお互いの息子と肉体関係をもってしまうという物語で、やはり疑似的な近親相姦劇である。邦題は野暮ったいが、原題は“*Two Mothers*”と直截である。美しい映像だが、苦悩に乏しく、ややご都合主義的ではある。

二〇〇一年九月一一日の同時多発テロ以来、二一世紀の映画界、とりわけ、ハリウッドでは、ディザスター・ムービーズが興隆をきわめた。元祖ディザスター・ムービーズともいうべき『ゴジラ』（一九五四年）も二〇一四年には還暦を迎え、再びハリウッドでリメイクされた。ディザスターは外来の破局だが、近親相姦は内面的な脆さの象徴である。いまやわれわれは内外ともに危機を抱えている。ただし、破壊ののちには再生があり、禁断の愛ではあっても、そこに愛の存在することが、救いではある。

ディザスター・ムービーズの代表格『ゴジラ』についても、後の節で語ってみたい。

さらなる近親相姦映画

一つは、松本俊夫監督『薔薇の葬列』（一九六九年）である。非商業的な芸術作品を手がけた日本アート・シアター・ギルド（ＡＴＧ）の製作で、ピーター（池畑慎之介）のデビュー作である。主人公は新宿のゲイバーで働く美少年で、バーのママの愛人かつオーナーを横取りするが、そのオーナーがかつて自分と実母を捨てた実父だったと知って、自殺する。近親相姦と当時はまだタブーだった同性愛という、二重のタブーの物語である。映画監督の篠田正浩や藤田敏八、映画評論家の淀川長治らが友情出演している。

次に、キム・ギドク監督『メビウス』（二〇一三年）である。夫の浮気に錯乱した妻が、夫の性器を切断しようとして失敗し、そのかわりに、高校生の息子の性器を切断して逃亡する。息子は父の性器を移植されるのだが、家に突然戻ってきた母が今度は息子にマスターベーションを強いるのである。ここにこの毒々しい物語が科白なしで、「笑う」「泣く」「叫ぶ」という感情表現のみで描かれている。ここに提示される家族とは、メビウスの輪のように脱出不可能なねじれなのである。

かつては同性愛も異人種間の性交や結婚もタブーであった。やがては、近親相姦もタブーでなくなるのであろうか。実は、近親相姦への反発や受容は、文化によって相当に異なるという。もちろん、日本では近親相姦はタブーだが、違法ではない。

なお、二〇一九年にはヨアヒム・ローニング監督『マレフィセント2』が公開された。オーロラ姫はフィリップ王子の求婚に応じるが、王子の母は妖精の国の簒奪を企図している。やがて、マレフィセント率いる闇の妖精たちが人間との戦いに望むことになる。もちろん、最後は人間と妖精の和解が成立し、オーロラと王子は結ばれる。世界市場を意識するハリウッド（とくにディズニー）は、最近とみにマルチ・エスニックな共存というハッピーエンドを描いて、トランプ的なものを批判しようとしている。だが、いかに多様性を強調しても、ハリウッドの定番は白人か白人的な美男美女カップルが主役だし、現実のアメリカ政治の亀裂は深まる一方である。

第6章　神話と聖書が著すもの

1　映画の中の神話

ヘラクレス再び！

ブレット・ラトナーといえば、大ヒットした『ラッシュアワー』シリーズ（一九九八年、二〇〇一年、二〇〇七年）の監督として知られる。その彼が、ギリシア神話の英雄ヘラクレスを手がけた。主演はザ・ロックのリングネームで知られる元プロレスラー、ドウェイン・ジョンソンである。原作はスティーヴン・ムーアによる“*Hercules: The Thracian Wars*”というアメリカン・コミック（あるいは、「グラフィック・ノベル」という由）である。実は同年に、レニー・ハーリン監督も、『ザ・ヘラクレス』（原題は“*The Legend of Hercules*”）という映画を撮っている。こちらはモデルとしても知られたケラン・ラッツが主演である。ほとんど便乗的に、やはり元プロレスラーのジョン・モリソンを主役にすえた、ニック・ライオン監督『ヘラクレス』（劇場未公開）も、おそらく相当の低予算で製作されている。ロケ地はモロッコであった。二〇〇七年は、ちょっとしたヘラクレス・ブームだったのである。

ヘラクレス（英語では、ハーキュリーズと発音される）は神々の王ゼウスを父にもち、人間の母アルクメネから生まれた。半神半人、デミゴッドである。彼は偉大な英雄になることを期待されて育つが、ゼウスの妻ヘラの嫉妬を受ける。ヘラクレスはテーバイの王女メガラと結婚するが、ヘラの策略で発狂し、わが子を殺し、メガラを自殺に追い込む。やがて正気を取り戻した彼は、罪を償うためにミュケーナイの王に仕えて、不死身のライオンとの死闘に始まり、黄泉の国の番犬で三つの頭をもつケルベロスの生け捕りに至るまで、実に様々な一二の難行に挑むことになる。そのため、「ヘラクレスの選択」とは、あえて困難を選ぶ意味となる。やがて、自由を取り戻すと、彼はアルゴ船に乗って巨人族と戦うなどの冒険を繰り広げる。だが、浮気が原因で、妻から渡された毒入りの衣服をまとってしまい、この不屈の英雄はついに炎の中に身を投じるのである。

つまり、ヘラクレスは半神半人ながら、家族殺しの原罪を背負い、数々の難行を乗り越えるが、非業の死を遂げた。彼は神の強さと人間の弱さを兼ね備えた人物である。数あるギリシア神話の中でも、最も個性的なキャラクターの一人であり、映画には格好のテーマといえよう。

神話は非合理的な迷信として、客観的な事実に基づく歴史と峻別されるが、実は、両者の境界はそれほど自明ではない。神話は歴史に条件づけられているし、歴史にも神話的な要素がしばしば含まれるからである。

そして、映画である。やや長いが、四方田犬彦氏の言を引用しよう。

「一九世紀の終わりに考案されて以来、映画はその時代の神話を表彰するメディアとして、特権的な位置に置かれてきた。ナチスのプロパガンダ映画からハリウッドの幸福幻想に満ちたアメリカン・ウェイ・オブ・ライフまで。それは神話を雄弁に物語るばかりか、次々と新しい華麗な神話を作り出し、その作業を通してみずからを神話として提出することを続けてきた。映画は過去の人物を神話的に描くとともに、それを演じる者たちをスターとして神話化し、結果として二〇世紀最大の神話装置となりおおせた。ロラン・バルトがいうように、イデオロギーがある時代の想像的なるものであるとすれば、映画こそはある社会における想像的なるものを一手に担ってきたといえる」。

（四方田犬彦『日本映画と戦後の神話』岩波書店、二〇〇七年、v～vi頁）

そこで、映画という「神話装置」がヘラクレスをはじめとするギリシア神話をどのように描いてきたのかを、まずは再考してみよう。

ギリシア神話いろいろ

ドン・チャフィ監督『アルゴ探検隊の大冒険』（一九六三年）が想起される。テッサリアの前王の子ジェイソンことイアソン（トッド・アームストロング）率いる大型帆船アルゴ号の一団が、コルキスに金羊毛を探しに行く冒険談である。ヘラクレス（ナイジェル・グリーン）も一員となる。他にも、オリンポスの神々、ゼウスやヘラ（「ボンド・ガール」のオナー・ブラックマン）らも登場する。ヘラはジェイソンたちを五度まで助けることを許されている。巨人タロスや骸骨戦士たちとの戦いなど、手に汗握る活劇が続く。なにしろ、コンピューター・グラフィックスなど存在しない時代の作品だから、コマ送りの特撮で効果を上げている。

この続編として作られたのが、レイ・ハリーハウゼン監督『タイタンの戦い』（一九八一年）である。ハリーハウゼンは特撮の巨匠として知られる。これが彼の遺作となった。今回は英雄ペルセウス（ハリー・ハムリン）が王女アンドロメダを救うべく、蛇女メデューサや大海獣クラーケンらと戦う冒険談である。ペルセウスは全身が透明になるヘルメット、魔法の剣、そして盾を神々から贈られる。なぜなら、彼もまた半神半人、ゼウスの子供だからである。そして、このゼウスを演じるのは名優ローレンス・オリヴィエである。他にも、やはり初代「ボンド・ガール」のウルスラ・アンドレスや、マギー・スミス、バージェス・メレディスら懐かしい顔が登場する。

これをリメイクしたのが、ルイ・レテリエ監督『タイタンの戦い』（二〇一〇年）である。サム・ワーシントンがペルセウスを、リーアム・ニーソンがゼウスを、冥界の王ハデス（ゼウスの兄）をレイフ・ファインズが、それぞれ演じている。人間から崇拝されることで、神々は永遠の命を得ているのだという。さらに、この続編がジョナサン・リーベスマン監督『タイタンの逆襲』（二〇一二年）で、ペルセウス、ゼウス、ハデスと同じ登場人物たちに加えて、冥府から現れた怪物キメラが暴れ回る。一神教の世界と異なり、ギリシアの神々は実に人間的で、嫉妬あり裏切りあり、レイプまでありである。

やはり、ヘラクレスは人気である。のちにカリフォルニア州知事にまでなるアーノルド・シュワルツネッガーが映画にデビューしたのは、『SF超人ヘラクレス』（一九七〇年）であった。下界に送られたヘラクレスは、ニューヨークに上陸する。シュワルツェネッガーは「アーノルド・ストロング」とマッチョらしい名前でクレジットされており、オーストリア訛りが強すぎたため、科白は吹き替えになっている。

ヘラクレス役は、演技力以上に筋肉隆々であることが求められる。それがアメリカのマッチョ文化とも共鳴する。ルイジ・コッツィ監督『超人ヘラクレス』（一九八三年）でも、ボディビルダーのルー・フェリグノが主役を演じ、なんとロボットと戦うのである。これも、一九八五年には続編が作られている。ディズニーの長編アニメ『ヘラクレス』（一九九七年、アメリカ）も、ギリシア神話を基にしながら独自のストーリーを展開し、怪力のため孤独に悩むヘラクレスを描いている。ただし、この作品はミュージカルの色彩が濃厚である。

さて、冒頭で紹介したブレット・ラトナー版『ヘラクレス』では、ヘラクレスが半神半人とは作り話で、彼は家族を殺してしまったトラウマに悩んでいる。宣伝文句も「お前は架空の伝説なのか？伝説を作った英雄か？」である。ヘラクレスもの、さらにギリシア神話の面白さは、こうした神々の人間臭さにあり、真偽の渾然一体化にあろう。

他にも、ギリシア神話を扱った映画としては、クリス・コロンバス監督『パーシー・ジャクソンとオリンポスの神々』（二〇一〇年）、その続編でトール・フロイデンタール監督『パーシー・ジャクソンとオリンポスの神々／魔の海』（二〇一三年）がある。主人公の高校生パーシー・ジャクソン（ローガン・ラーマン）が、実は海の神ポセイドンと人間との間にできた子供だと知る物語である。いずれも大ヒットした。

こうしたギリシア神話と古代ローマ史、それに聖書が重なり合って、西洋の世界観や人間観を支えている。ルネサンスは、これらをもう一度開花させる営みであった。当然、それらの物語は映画にもしばしば描かれるわけである。

日本神話の場合

では、日本神話はどうか。いつものように比較を試みよう。

古くは、巨匠・稲垣浩監督『日本誕生』（一九五九年）がある。特撮監督は円谷英二《つぶらやえいじ》であった。東宝映画一〇〇〇本目の記念作品で、三船敏郎、二代目中村鴈治郎、鶴田浩二、宝田明、田中絹代、原節子ら、錚々たる顔ぶれで、一八二分の大作である。「世界のミフネ」と任俠ものの鶴田は、同世代でライバルであった。

長編アニメでは、芹川有吾監督『わんぱく王子の大蛇退治』（一九六三年）がある。天岩戸《あまのいわと》や八岐大蛇《やまたのおろち》の神話が題材になっている。二作とも、音楽を担当したのは、クラシック界の重鎮・伊福部《いふくべ》昭《あきら》である。『ゴジラ』（一九五四年）の楽曲でも知られる。

もちろん、他にも日本神話を題材にした作品がないわけではない。しかし、欧米の映画界におけるギリシア神話に比べると、圧倒的に少ない。おそらく、これは比較宗教学にも通じる壮大なテーマで、筆者のような者に多くを語る資格はない。ただし、日本の神話はアニミズム（精霊信仰）的、シャーマニズム（祈禱師）的に社会や文化に浸透している点や、天皇の家系という政治的にデリケートな問題に結び付くことなどで、映画化しにくいのではなかろうか。

アニミズム、シャーマニズムといえば、今村昌平監督『神々の深き欲望』（一九六八年）は、現代に時代設定しながらも、南海の離島で神話的な伝統の中に暮らす人々の性と葛藤を描いており、実に神話的といえる。巫女が重要な役割を果している。三國連太郎や河原崎長一郎、北村和夫、加藤嘉らが、忘れえぬ名演を提供してくれている。後の参議院議長、扇千景《おおぎちかげ》も特別出演であった。

マッチョのヘラクレスから、南海の孤島のシャーマニズムにまで漂流してしまった。だから、映画はやめられない。

日米の神話映画大作

まず、ウォルフガング・ペーターゼン監督『トロイ』（二〇〇四年）である。ギリシアの英雄アキレスをブラッド・ピットが、そして、死を覚悟して彼と戦うトロイの王子ヘクトルをエリック・バナがともに堂々たる迫力で演じた。トロイの老王役のピーター・オトゥールも渋かった。この作品では、アキレスは無敵の強さを誇るが、デミゴッドではなく、あくまで人間という設定である。意図とは逆の結果を招くのが皮肉（アイロニー）、予期せぬ事態に呆然とするのが哀愁（ペーソス）、そして、そうなると知りつつ滅びの道を進むのが悲劇（トラジェディー）とは、神学者ラインホルド・ニーバーの分類である。アキレスに挑むヘクトルは、まさに悲劇を演じたことになる。

大河原孝夫監督『ヤマトタケル』（一九九四年）は『日本誕生』のリニューアルとして企画されたが、テレビアニメや漫画と連動したメディアミックスになり、SFアドベンチャー風に仕上がった。特撮が駆使され、一〇メートルものヤマタノオロチの模型を二〇人がかりで動かしたという。

ストゥーラ・ガンナーソン監督『ベオウルフ』（二〇〇五年）は、イギリス最古の叙事詩「ベーオウルフ」に基づいており、デネ国（デンマーク）を舞台にベオウルフら一二人の英雄が巨人たちと戦う。巨人が倒されると、その母親との死闘が待っている。

ロバート・ゼメキス監督は、3Dではるかに大がかりに『ベオウルフ／呪われし勇者』（二〇〇七年）を手がけており、一般にはこちらのほうが有名である。実は、巨人はその美しい母（またまたアンジェリーナ・ジョリー！　魔性がお似合い）とデネ国王との不義の子であり、巨人を倒したベオウルフも同じ過ちを繰り返す。そのため、ベオウルフはその後に自分の子であるドラゴンと死闘を演じる仕儀となる。ヨーロッパにキリスト教が広がり、英雄神話が終わろうとしている時代が背景である。原作の「ベーオウルフ」については、作家のジョン・R・R・トールキンも研究しており、『指輪物語』や『ホビットの冒険』にも影響を及ぼしたとされる。

2　映画の中の聖書

『ノア』から『エクソダス』まで

聖書を題材にした大作映画も数多い。まず、『ブラック・スワン』（二〇一〇年）の巨匠ダーレン・アロノフスキー監督、ラッセル・クロウ主演の『ノア――約束の舟』（二〇一四年）である。興業的には成功だったが、ラジー賞（ゴールデンラズベリー賞。アカデミー賞授賞式の前夜に「最低」の映画を選んで表彰する）の最低監督賞や最低脚本賞にノミネートされるなど、厳しい批判もあった。聖書のノアの箱舟の物語とかなり異なるからであろう。アロノフスキーは一三歳でノアについての詩を書き、それ以来この物語に関心を抱いてきたという。「最初の黙示録の物語として、家族がどうやって生き延びるのかを考えるのは、非常に興味深かった」。

ノアは溺れる人々を一切救わず、長男に子供ができたと分かると、それが女の子なら殺さなければならないと主張する。洪水の後の楽園に、穢れた人間が再び氾濫してはならないからである。実際に女の子が生まれると、ノアは孫を殺そうとするが果たせない。神の御旨に添えなかったことにノアは落胆するが、やがて、人間が生きるに値するか否かを、神がノアの判断に委ねたのだと知る。神の啓示は明らかでなく、人間ノアの苦悩と家族の葛藤を前面に描いている。もちろん、洪水の映像は壮大で、東日本大震災を経験した日本人には、ディザスタームービーと映る。

二〇一五年の正月には、クリストファー・スペンサー監督『サン・オブ・ゴッド』（二〇一四年）が公開された。二〇一三年にアメリカのヒストリー・チャンネルで一〇回にわたって放送されたミニ・シリーズ「ザ・バイブル」の映画化だそうである。ヨハネを語り部として、イエスの伝道から死、そして復活を丁寧に描いている。イエス・キリストを演じたディオゴ・モルガドはポルトガルのイケメン俳優で、「ホット・ジーザス」の愛称をえた。「イケメンすぎる」、「セクシーすぎる」との批判も招いたそうである。そのイケメン・イエスが拷問され殺される残酷な様子は、一〇年前のメル・ギブソン監督『パッション』（二〇〇四年）を髣髴させる。だが、本作の一番の特徴は、ローマ総督ピラトとユダヤの祭司たちとの駆け引きなど、イエスを迫害した権力者の側の描写が豊かな点であろう。

そして、リドリー・スコット監督の大作『エクソダス──神と王』（二〇一四年）が公開された。旧約聖書の「出エジプト記」の映画化であり、モーゼをクリスチャン・ベール、宿敵でエジプトのファラオ・ラムセスをジョエル・エドガートンが演じる。実は、ベールは『ノア』の主演を断って、モーゼ役を選んだのだという。

そこで今回は、映画の中で聖書やイエス・キリストがどのように描かれてきたのかを振り返ってみたい。

旧約聖書のドラマ

まずは旧約聖書である。『エクソダス』がテーマとするモーゼと出エジプトの物語は、巨匠セシル・B・デミルによって二度描かれている。最初はサイレント時代の『十誡《じっかい》』（一九二三年）である。一三六分からなるこの大作で、以後デミル作品といえば豪絢爛の代名詞となる。第一部「古代篇」、第二部「現代篇」の二部構成で、前者が出エジプトの物語である。主演のセオドア・ロバーツは「ハリウッドの大公」とも呼ばれ、堂々の風格でモーゼを演じた。また、紅海が真二つに割れるシーンは迫力満点である。第二部では、「十誡」の教えに忠実な兄と不実な弟との物語である。もちろん、後者が没落していく。

一九五六年のリメイク『十戒』は二三二分、製作費一三五〇万ドルの壮大なスペクタクルで、これがデミルの遺作となった。彼はナレーターも務めている。モーゼ役はチャールトン・ヘストン、ラメセス役はユル・ブリンナーであった。他にも、アン・バクスターやヴィンセント・プライス、エドワード・G・ロビンソンら名優が共演している。エキストラの中には、のちに『ナポレオン・ソロ』でスターになるロバート・ボーンも含まれていたという。

ヨーロッパから逃れて新天地アメリカに辿り着いたピューリタンたちは、「出エジプト記」に自らの運命を重ね合わせた。だからこそ、アメリカの宗教保守勢力はイスラエルを守ろうとするのである。また、過酷な奴隷労働を強いられた黒人たちも、「出エジプト記」に自分たちの将来を読み込んだ。ハリウッドがこの映画を繰り返しテーマにする所以である。

『カサブランカ』で有名なマイケル・カーティス監督も、一九二二年に『ソドムとゴモラ』（日本未公開）を、二九年には『ノアの箱舟』を、それぞれ手がけている。前者は一三五分、後者は一八〇分である。その他にも、ロバート・アルドリッチ監督『ソドムとゴモラ』（一九六二年）もスチュアート・グレンジャーなど豪華な顔ぶれで、一五四分に及ぶ。ジョン・ヒューストン監督『天地創造』（一九六六年）の原題はずばり"*The Bible: In the Beginning*"で、「創世記」の一章（天地創造）から二二章（イサクの生贄）までを描く。これも一七五分の巨編である。ヒューストン自身がナレーションを務め、ノアを演じている。旧約聖書を題材にすると、いずれも壮大な巨編になるようである。舞台となる厳しい自然環境は、今日に至る中東情勢の複雑さを連想させる。シナイ半島と西部の荒野の共通性から、西部劇に宗教性を読み解く論者もいる。だとすれば、ヒューストンのような監督が旧約聖書をテーマにすることも首肯できる。

映画の中のイエス・キリスト

さて、映画に描かれたイエス・キリストとなると、枚挙に暇がない。まずは、やはりデミル監督である。『十誡』の成功以来、彼は『暴君ネロ』（一九三二年）、『クレオパトラ』（一九三四年）と、いわゆる歴史ものを手がけてきた。その一環として『キング・オブ・キングス』（一九二七年）もある。四つの福音書を中心に、イエスのエピソードをバランスよく配置している。イエスを演じることには、多くの俳優が躊躇したという。この難題をこなしたのが、イギリスの名優H・B・ワーナーである。以後、彼はフランク・キャプラ監督作品の常連となり、デミル監督の『十誡』にも出演している。

ちなみに、『十戒』の主演チャールトン・ヘストンはウィリアム・ワイラー監督『ベン・ハー』（一九五九年）にも主演しているが、この映画にもイエスが登場する。ただし、顔は見えない。カザフスタン出身のティムール・ベクマンベトフ監督による『ベン・ハー』（二〇一六年）は、実に五度目の映画化である。ここでは、ジャック・ヒューストンがベン・ハーを、そして、ブラジル出身のイケメン俳優ロドリゴ・サントロがイエスを演じた。どうやら最近は、多様な国籍の「イケメン・イエス」が流行のようである。

本格的にイエスを描いた映画といえば、やはりジョージ・スティーヴンス監督『偉大な生涯の物語』（一九六五年）であろう（一部分は、デヴィッド・リーンが監督を分担している）。初公開当時は、実に二六〇分の巨編であった（筆者の持っているビデオは二巻で一九九分のカット版）。スウェーデンの名優マックス・フォン・シドーが、イエスを堂々と演じた。さらに、チャールトン・ヘストンが洗礼者ヨハネを演じた他、クロード・レインズ、ホセ・フェラー、テリー・サバラス、シドニー・ポワチエ、それにジョン・ウェインと豪華な出演陣である。ヘンデルの「メサイア」やヴェルディの「レクイエム」が、映像美を補強した。

ノーマン・ジュイソン監督『ジーザス・クライスト・スーパースター』（一九七三年）は、ブロードウェイでヒットしたロック・ミュージカルの映画化で、イエスの最後の七日間を題材にしている。舞台と同様、ロック歌手のテッド・ニーリーがイエスを演じた。実際に、イスラエルの砂漠でロケをしたという。日本では、劇団四季の舞台でも有名であろう。

かつてカトリックの司祭を目指したというマーティン・スコセッシ監督も、『最後の誘惑』（一九八八年）でイエスを描いている。性格俳優のウィレム・デフォーがイエスを、同じくハーヴェイ・カイテルがユダを演じた。ピラト総督役はなんとデヴィッド・ボウイである。十字架での死の直前に、マグダラのマリアと家庭を築き安穏に死を迎えるという誘惑に、イエスが駆られたという設定である。多くのキリスト教団体から抗議が起こったことは言うまでもない。先の『ジーザス・クライスト・スーパースター』の公開時にも、映画館爆破などの脅迫がなされた。

そして、ギブソン監督『パッション』である。これはイエスが処刑されるまでの一二時間を描いている。『シン・レッド・ライン』のジェームズ・カヴィーゼルがイエスを演じた。イエスへの拷問と処刑のシーンは凄惨をきわめ、女性の観客が心臓発作で亡くなったほどである。全編を通じて、台詞はアラム語とラテン語で、海外でも吹き替えはされていない。ユダヤ人への否定的な描写から、ギブソン監督の反ユダヤ主義が問題になり、また、強く批判された。

政治と宗教との分離、つまり政教分離が近代の中核にあった。ところが、一九七〇年代頃から、政治の世界に再び宗教が大きな影響力をもつようになってきた。フランスの宗教学者ジル・ケペルは、これを「宗教の復讐」と呼んだ。そのためでもあろう。映画の世界でも、往年のハリウッド正統派のスペクタクル路線を排して、イエスを個性的、実験的に描こうとすると、様々な宗教勢力や政治勢力からの非難を免れないのである。

今日、一部の過激な宗教勢力が、国際政治を一層混乱させつつある。今後、映画がキリスト教をはじめとする宗教をどのように描くのか、そして、宗教がそれにどのように反応するのか——これらは現実の政治にも影響を及ぼす問いになっている。

「係り結び」としての『沈黙』

聖書に関わる近年の話題作を一つ挙げておこう。マーティン・スコセッシ監督『沈黙——サイレンス』（二〇一六年）である。遠藤周作の小説の映画化で、遠藤もスコセッシもカトリックの信者である。江戸時代初期のキリシタン弾圧の物語である。スコセッシにとっては、この作品は『最後の誘惑』の「係り結び」である。

また、この小説は、『沈黙　SILENCE』として一九七一年に篠田正浩監督によって映画化されている。原作者の遠藤が脚本に加わり、丹波哲郎が背教したポルトガル人の老宣教師を演じている。丹波の英語には迫力があり、ルイス・ギルバート監督『007は二度死ぬ』（一九六七年）で演じたタイガー田中（日本の諜報機関のボス）役を髣髴させる。

なお、聖書と映画、キリスト教と映画の関係については、最近いくつかの優れた研究が出版されている。木谷佳楠『アメリカ映画とキリスト教――120年の関係史』（キリスト教新聞社、二〇一六年）、岡田温司『映画とキリスト』（みすず書房、二〇一七年）、アデル・ラインハルツ（栗原詩子訳）『ハリウッド映画と聖書』（みすず書房、二〇一八年）などである。また、服部弘一郎『銀幕の中のキリスト教』（キリスト教新聞社、二〇一九年）は一般読者に向けた簡便なガイドブックである。

さらに、先にも引用した碩学・四方田犬彦氏による『聖者のレッスン　東京大学映画講義』（河出書房新社、二〇二〇年）も登場した。キリスト教だけでなく、アジアの宗教までカバーしている。さらに、三國連太郎やアウシュヴィッツについても深い考察がなされている。

第7章　スポーツに漲《みなぎ》るエネルギー

1　オリンピックと映画と政治

東京オリンピック――一九六四年

西暦が四で割り切れる年には、世界で二つの大きなイベントがある。アメリカの大統領選挙と夏季オリンピックである（二〇二〇年は例外となったが）。二〇一二年には民主党のオバマ大統領が再選を果たし、ロンドンで夏季オリンピックが開催された。二〇一六年の大統領選挙では、大方の予想に反してトランプが当選し、夏季オリンピックはリオデジャネイロで開かれた。

日本が初めて東京オリンピックを開催したのは、一九六四年のことであった。私事にわたるが、筆者の生年である。この一九六四年は、戦後史にとって重要な年であった。

この年には、水不足の暑い夏を経て、プロ野球のセ・リーグで阪神が優勝しているから、関西ではお祭り気分が過熱していたであろう。オリンピック開幕日（一〇月一〇日、のちの体育の日）は、NHKのアナウンサーが「世界中の青空を全部もってきてしまった」と語るほどの晴天であったという。この東京オリンピックは、日本初であるばかりかアジア初のオリンピックであり、日本の戦後復興を世界に誇示する絶好の機会であった。日本は一兆円の資金をかき集め（大卒公務員の初任給は当時二万円弱）、時の池田勇人首相（一九世紀生まれの最後の首相）は自民党の実力者・河野一郎をオリンピック担当大臣に起用して、ことに当たった。作家の三島由紀夫は、「オリンピックにおいて、平和憲法と民族主義との戦後最大の握手が国家の司祭によって成功した」と、批判している。たしかに、オリンピックは、六〇年安保闘争に見られた生硬なナショナリズムを経済成長主義に吸引する役割を果たした。

オリンピック開催直前には、東海道新幹線が開通して、首都東京と商都大阪を四時間で結んだ。世界最速である。新幹線開通の前後では、日本映画における旅行の描写や風景も随分と異なる。この新幹線の開設は、世界銀行からの借款によっている。高速道路や下水道も急速に整備された（二〇〇八年の北京でもそうであった）。ホテルニューオータニも、六四年九月にできている。地方から都市に就職する若者たちは「金の卵」ともてはやされた。こうした急速な都市化とも関係があろうか、新興の宗教団体たる創価学会を支持母体にして、公明党が結成されたのも、この年である。

一九六四年四月五日には、占領時代の「青い眼の大君」ダグラス・マッカーサー将軍が八四歳で死去した。占領期は、もはや歴史の一頁になりつつあった。この月末には、日本は経済協力開発機構（OECD）に加盟を果たした。OECDは「先進国クラブ」の別名をもつ。とはいえ、国民の生活実感としては、まだ「中進国」であったろう。

一九六四年の国際情勢も瞥見しておこう。

アメリカでは、ジョンソン政権下で七月に公民権法が成立した。アメリカの民主主義の歴史の中でも、重要な一歩であった。他方、外交面では、八月初旬にトンキン湾事件が起こり、ジョンソン政権はベトナム戦争にのめり込んでいく。共産主義陣営も忙しかった。一〇月五日には、ソ連のニキータ・フルシチョフ首相が解任され、翌日には中国が初の核実験に成功している。一九七〇年代の国際政治を特徴づける米中ソの戦略的三角関係の予兆である。

この年に生まれた日本の芸能人としては、薬師丸ひろ子、阿部寛、椎名桔平などがいる。いずれも今日の日本映画を支える人々である。

オリンピック映画と政治

さて、一九六四年の時代描写は、ここまでとしよう。オリンピックと映画と政治が今回の主題である。

早くからオリンピックは映画化されてきたが、依然として最も有名なのは、一九三六年のベルリン・オリンピックに取材した、レニ・リーフェンシュタール監督による『民族の祭典』と『美の祭典』（いずれも一九三八年）である。前者で陸上競技が、後者ではそれ以外の種目が描かれている。独裁者アドルフ・ヒトラーが政治的なプロパガンダのために、惜しげもなく資金を投じ全面的に支援して、本作は製作された。「二〇世紀はファシズムと精神分析と映画の時代であった」と、四方田犬彦氏は喝破している。この二作では、ファシズムと映画ががっちりと抱擁したのである。とはいえ、「人体の形態や動きに美的観点から興味を抱いた映画監督は、リーフェンシュタール以外ほとんどいない。そしてリーフェンシュタールが本作品で成し遂げた快挙がその後再来することもなかった」、「政治的関与はなかったというリーフェンシュタールの主張には疑問が残るが、それ以上に本作品には決して色あせることのないすばらしさがある。端的にいえば、人間の行う運動競技をもっとも感動的に映画化した歴史に残る傑作だといえる」（スティーヴン・ジェイ・シュナイダー総編集『死ぬまでに観たい映画一〇〇一本』改訂新版、ネコ・パブリッシング、二〇一一年）との評は、正鵠を射ていよう。三八年のヴェネチア国際映画祭で、『民族の祭典』は外国映画最高賞を受賞している。

ちなみに、このベルリン・オリンピックには、日本を含む世界五一カ国が参加した。三段跳びで世界新記録を樹立した田島直人や、一万メートルの長距離走でフィンランド選手と死闘を展開した村社《むらこそ》講平《こうへい》、棒高跳びでアメリカ人選手二人と五時間の決勝戦となった西田修平、大江季雄など、日本勢の活躍も映画にふんだんに描かれている。マラソンでは孫基禎《ソンギジョン》が優勝するが、朝鮮人でありながら日本人として表彰される姿は悲しげである。それから五二年後の一九八八年にソウルでオリンピックが開催された時、一人の老人が聖火ランナーを務めて韓国の国民的ヒーローとなった。もちろん、孫である。

リーフェンシュタールによるこのドキュメンタリー映画は、今ではＤＶＤで廉価で入手することができる。現代史の証としても、若い人々にぜひ鑑賞を勧めたい。

ちなみに、ベルリンの次の一九四〇年のオリンピックは、東京で開催予定であった。だが、日中戦争、そして第二次世界大戦の勃発のために幻に終わった。そういえば、一九一六年のベルリン・オリンピックも第一次世界大戦のために幻で終わったのであった。一九三六年のベルリン・オリンピックも一九六四年の東京オリンピックも、開催国にとっては二〇年越しの悲願だったわけである。

第一次大戦後初のオリンピックは、一九二〇年にアントワープで開催された。ようやくスペイン風邪が終息しつつある頃であった。その一〇一年後に、コロナ禍での東京オリンピックとなった。開会式では、台湾のチームが「チャイニーズ・タイペイ」のプラカードを掲げながら、日本語で「台湾」と呼ばれ、そのためチェコより先に入場することになって、話題になった。「チャイニーズ・タイペイ」ならチェコの後になる。この大会も、エピソードには事欠かないであろう。

一九六四年の東京オリンピックも、もちろん映画として記録されている。『東京オリンピック』（一九六五年）である。巨匠・市川崑がメガホンをとった。当初は黒澤明が監督を依頼されたが、製作費をめぐって折り合いがつかず、市川が担当することになったのだという。実験好きの市川らしく、競技そのものよりも、関係者の表情を克明に追うことに終始している。「より早く、より高く、より強く」が標語である。入場行進では、米ソのような巨大な選手団に比して、カメルーンやコンゴはわずか二人。当日の日本人アナウンサーは、これを「健気」と呼んでいた。東西ドイツは入場行進の時には統一チームを組んでいた。マラソンの落伍者を丹念に写したり、長距離走のビリの選手が拍手で迎えられるシーンを写したりと、勝つことだけが目的ではないはずのオリンピックの精神、それ以上に、監督の遊び心と高度成長時代への反骨精神がよく現れている。

それゆえ、完成後に「記録か芸術か」で論争となり、河野大臣をはじめオリンピック関係者がクレームをつけたことでも知られる。だが、興業的には大ヒットし、国内でも『キネマ旬報』年間ベスト2となり、国際的にも高く評価された。

映画評論家の双葉十三郎の言を引いておこう。

「ぼくはもう、市川監督のそういう製作態度そのものを支持しちゃいますね。体育会系が観たら頭に来るような作り方だからこそ、個性が生まれた。誰が一位になったか覚えていなくても、依田郁子のこめかみの絆創膏やアベベのアップは今も目に残っている。昭和四〇（一九六五）年に、すでに国威発揚というものをせせら笑った市川監督の精神と腕前に脱帽」。

（双葉十三郎『日本映画　ぼくの三〇〇本』文春新書、二〇〇四年）

オリンピックを背景にした映画も少なくない。ヒュー・ハドソン監督『炎のランナー』（一九八一年）は、一九二四年のパリ・オリンピックに出場したユダヤ人学生とスコットランド人宣教師という、二人のランナーの物語である。当時のイギリス社会の権威主義的な文化を遺憾なく描き、アカデミー作品賞を獲得した。古きよきイギリスを美化するヘリテージ映画の嚆矢でもあった。ジョー・バイデン大統領のお気に入りの映画の一つである。

スティーヴン・スピルバーグ監督『ミュンヘン』（二〇〇五年）は、一九七二年のミュンヘン・オリンピックを背景にしている。この時、イスラエルの選手村にパレスチナの過激派「黒い九月」が乱入し、西ドイツ警察との銃撃戦の末、一一人のイスラエル人選手が全員殺害された。その後、イスラエルの特殊工作機関モサドがパレスチナ側に報復する様子が、この映画ではリアルに描かれている。作品の最後の舞台はマンハッタンで、そこにはまだ二棟の世界貿易センタービルが屹立している。テロの輪廻が示されているのである。

晩年のリーフェンシュタール

二〇二一年の東京オリンピックの公式記録映画は、河瀬直美監督の手に委ねられている。新型コロナウイルス感染による緊急事態宣言下、東京では無観客のオリンピックを彼女がどのように描き切るのかは、大いに興味をそそられる。

ちなみに、岸善幸監督『あゝ荒野』（二〇一七年）は、一九六四年東京オリンピック直後を舞台にした寺山修司の小説（一九六六年）を映画化した作品である。映画では、二〇二〇年オリンピック後の二一年の東京に舞台をずらして、社会の周辺にいる若者たちがボクシングを通じて友情を培う姿を描いている。失業率と自殺率が上昇し、社会は不安定化している。社会奉仕プログラム法の下で、奨学金を返済できない若者は介護奉仕か自衛隊入隊を強いられる。「経済徴兵！」と街では抗議デモが展開される。老人介護問題は深刻で、主人公もボクシングの傍ら、介護施設（元ラブホテル）でアルバイトしている。

この映画が想定していなかったコロナ禍のために、オリンピックは二一年に延期され、実際に失業率や自殺率が増している。だが、これも映画の想定を超えて、われわれは自衛隊によるワクチンの大規模接種に大いに助けられた。あの練度と士気は、「経済徴兵」では維持できない。

一九三六年のベルリン・オリンピックについては、スティーヴン・ホプキンス監督『栄光のランナー／一九三六ベルリン』（二〇一六年）もある。アメリカの黒人陸上競技選手ジェシー・オーエンスが、白人コーチに支えられながら、金メダル四冠を獲得する物語である。アメリカはナチスの人種差別を糾弾しながら、自国の黒人差別を克服できない。リーフェンシュタールも登場し、映画製作のためにヨーゼフ・ゲッペルス宣伝大臣と渡り合う。

また、リーフェンシュタール監督のドキュメンタリーとしては、レイ・ミュラー監督『レニ』（一九九三年）がある。映画の芸術性や技巧について嬉々として語りながら、自らの政治的関与を問われて激しく抗弁する姿が印象的である。アフリカを取材し、潜水資格をとって水中写真集を刊行するなど、老境のリーフェンシュタールの活動についても描かれている。彼女はまさに「意志の人」であった。

さらに驚くべきことに、彼女は二〇〇二年の一〇〇歳の誕生日に四八年ぶりの新作映画『ワンダー・アンダー・ウォーター——原色の海』（日本公開は二〇〇三年）を発表した。また、やはり〇二年に公開されたミュラー監督によるドキュメンタリー『アフリカへの想い』では、リーフェンシュタールが被写体として登場する。撮影当時すでに九八歳であった。彼女は〇三年に一〇一歳で没した。リーフェンシュタールについては、渋谷哲也『ドイツ映画零年』（共和国、二〇一五年）がシャープな論考を示している。

2　映画の中のスポーツ

まずは、二〇一四年に観た映画で印象に残った二本をご紹介しよう。

二〇一四年の秀作

一つは、武正晴監督『百円の恋』である。実家に引きこもるパラサイト・シングルの一子（安藤サクラ）が家を出て、百円ショップでアルバイトして暮らすことになる。彼女は引退前のボクサー（新井浩文）と出会い、同棲を始めるが、ほどなく捨てられる。やがて、一子はボクシングを習い始め、試合に勝つことに希望を見出す。第一回の松田優作賞（脚本賞＝足立紳）を受賞した由である。安藤が無気力な肥満体系から引き締まった闘士へと、見事に変貌していく。

もう一つは、ベネット・ミラー監督『フォックスキャッチャー』（アメリカ）である。デュポン財閥の御曹司（スティーヴ・カレル）が一九八四年ロサンゼルス・オリンピックのレスリング金メダリストのシュルツ兄弟（マーク・ラファロとチャニング・テイタム）を雇い、「フォックスキャッチャー」（狐狩り）というチームを編成するが、やがて愛憎のもつれから、弟は離反し、兄はデュポンに射殺されてしまう。実話に基づく作品で、三人三様の力演を示している。

前者は邦画、後者は洋画であり、ボクシングとレスリングと種目も異なるが、ともにスポーツがテーマになっている。そこで今回は、映画の中のスポーツについて考えてみたい。

アメリカ映画が描くスポーツ

そもそも、スポーツはプレイするものであると同時に鑑賞するものであり、映画との親和性はきわめて高い。しかも、スポーツは命と肉体の躍動であるとともに、死や事故の危険と隣接している。生存のための戦いをルール化し様式化したものだからである。当然、アメリカ映画はスポーツを様々に描いてきたが、そこには、種目や人種、ジェンダーなどの特徴が見られる。アメリカで三大スポーツといえば、野球とアメリカン・フットボール、そしてバスケットボールである。これにアイスホッケーが続く。なかでも、野球は「アメリカの国技」（ナショナル・パスタイム）と呼ばれている。一九世紀半ばに考案され、南北戦争中に兵士たちが戦闘の合間に競技し、戦後はナショナリズムの波に乗って全国で人気が高まった。試合時間が短くスピーディな点が、アメリカの庶民性に合致したのである（川島浩平『人種とスポーツ――黒人は本当に「速く」「強い」のか』中公新書、二〇一二年）。

野球をテーマにした映画は、それこそ枚挙に暇がないが、古くはサム・ウッド監督『打撃王』（一九四二年）がまず思い出される。ゲイリー・クーパーがニューヨーク・ヤンキースの一塁手ルー・ゲーリッグを好演している。ゲーリックが難病で亡くなった翌年の公開であり、ベーブ・ルースが本人役で友情出演している。

一九八〇年代には、バリー・レヴィンソン監督、ロバート・レッドフォード主演『ナチュラル』（一九八四年）とフィル・アンデン・ロビンソン監督、ケヴィン・コスナー主演『フィールド・オブ・ドリームス』（一九八九年）という二本の名作が登場した。前者はバーナード・マラマッドの処女作の映画化で、レッドフォードにとっても代表作の一つとなった。後者は過去の野球選手が現代に蘇るファンタジーであり、同時代のSF映画『バック・トゥ・ザ・フューチャー』（ロバート・ゼメキス監督、一九八五年）と対照的である。周知のように、こちらは現代人がタイムマシンで過去に辿り着く（鈴木透『現代アメリカを観る――映画が描く超大国の鼓動』丸善ライブラリー、一九九八年）。

『ナチュラル』でも『フィールド・オブ・ドリームス』でも、父子のキャッチボールが重要な逸話として挿入されている。以前にも指摘したように、日本映画が母子関係を好んで描くのに対して、アメリカ映画では父子関係のほうが多い。そして、「アメリカ映画の中の父と子のキャッチボールは、男から男への伝承の儀式かもしれない」（北沢夏音監修・渡部幻主編『八〇年代アメリカ映画一〇〇』芸術新聞社、二〇一一年）。

また、一九八〇年代から九〇年代にかけては、デヴィッド・S・ウォード監督、トム・ベレンジャー主演『メジャーリーグ』（一九八九年）、『同2』（一九九四年）、ジョン・ウォーレン監督、スコット・バクラ主演『同3』（一九九八年）がシリーズで人気を博した。いずれも軽妙なコメディだが、さすがに第三作はスティンカーズ最悪映画賞の「誰も望んでいなかった続編部門」に選ばれてしまった。

より最近では、ベネット・ミラー監督、ブラッド・ピット主演『マネーボール』（二〇一一年）のジェネラル・マネージャーや、ロバート・ロレンツ監督、クリント・イーストウッド主演『人生の特等席』（二〇一二年）のスカウトマンなど、選手以外の人々に焦点を当てた興味深い作品も登場している。後者では、老いて視力を失いつつある父親と弁護士として出世の岐路にある娘という、父娘関係が描かれている。娘は父の目となって、「人生の特等席」（父娘の絆）を取り戻す。

アメリカン・フットボールとバスケットボールはどうか。アメリカン・フットボールについては、デヴィッド・アンスポー監督『ルディ／涙のウイニング・ラン』（一九九三年）が名門・ノートルダム大学のアメフト・チーム「ファイティング・アイリッシュ」を舞台にした作品で、公開当時はそれほど話題にならなかったが、今や「最もすばらしいアメフト映画」と称される。周囲からは「高望み」と言われながらも、小柄で貧しい青年がチーム参加の夢を叶える。

このチームを題材にした映画として、古くはロイド・ベーコン監督、パット・オブライエン主演『ニュート・ロックニー――理想のアメリカ人』（一九四〇年）がある。ロックニは同チームの伝説的なコーチであった。実は、この映画には夭折する天才選手のギッパー役で、若き日のロナルド・レーガンも出演している。「仲間に伝えてください。ギッパーのために勝ってくれと」――彼の臨終の科白は、その後もレーガンの決め科白になった。一九八八年の大統領選挙で、ジョージ・H・ブッシュ副大統領を共和党の次期大統領候補に推薦する際にも、レーガンは「ギッパーのために勝ってくれ」と応援して拍手喝采を浴びた。『ルディ』によると、この名台詞は「ファイティング・アイリッシュ」のロッカールームに刻まれている。

バスケットボールでは、やはりデヴィッド・アンスポー監督、ジーン・ハックマン主演『勝利への旅立ち』（一九八六年）がよく知られる。インディアナ州の小さな町の高校のバスケットボール・チームを描いた作品である。こちらは、『USAトゥディ』紙に「歴代のスポーツ映画の中でも最もすばらしい」と評された。スティーブ・ジェイムス監督『フープ・ドリームス』（一九九四年）は、シカゴの下町に住む黒人少年二人の四年間を追ったドキュメンタリーである。貧困の中で、二人はバスケットボール選手になることを夢見ながら、成長していく。フープとはバスケットボールのゴールの輪との由である。

このドキュメンタリーには、映画監督のスパイク・リーも登場する。リー監督、デンゼル・ワシントン主演『ラストゲーム』（一九九八年）もバスケットボールを題材にしながら、断絶した黒人の親子関係を軸に、高校の花形選手の苦悩を描いている。直接の父子関係でなくとも、多くのスポーツ映画でコーチや監督と選手との葛藤や絆という、擬似父子関係が描かれている。

三大スポーツ以外では、ボクシングがよく映画に取り上げられる。古くはチャールズ・チャップリン監督・主演『街の灯』（一九三一年）があるし、マーク・ロブソン監督、カーク・ダグラス主演『チャンピオン』（一九四九年）、ロバート・ワイズ監督、ポール・ニューマン主演『傷だらけの栄光』（一九五六年）、ジョン・G・アビルドセン監督、シルヴェスター・スタローン主演『ロッキー』（一九七六年）、マーティン・スコセッシ監督、ロバート・デ・ニーロ主演『レイジング・ブル』（一九八〇年）など、名作の名前が次々に挙げられよう。コーチと選手との禁欲的な関係もそうだが、ほとんど全裸に近い筋肉隆々たる男同士が対決する様子は映像にうってつけだし、ホモソーシャルな匂いを放つ。また、黒人のみならず、アイルランド系やイタリア系の社会的栄達のドラマとしても、しばしば描かれる。ユニークなのは、クリント・イーストウッド監督・主演『ミリオンダラー・ベイビー』（二〇〇四年）で、男性トレイナー（イーストウッド）と女性ボクサーの物語で、しかも、尊厳死がテーマになっている。

これらに比してレスリングとなると、冒頭の『フォックスキャッチャー』以外では、ダーレン・アロノフスキー監督、ミッキー・ローク主演『レスラー』（二〇〇八年）など、わずかしか思いつかない。ロバート・アルドリッジ監督『カリフォルニア・ドールズ』（一九八一年）も変わり種で、女子プロレスのチームとマネージャー（ピーター・フォーク）のロードムービーである。

また、サッカーや陸上競技の映画も少ない。国によって人気のスポーツが異なるから、オリンピックでもすべての種目で大国がメダルを独占するわけではない。スポーツ映画にも、そうした国柄が反映されている。

日本映画との比較

日本でも、やはり野球をテーマにした映画は多い（それ以上に、野球をテーマにした漫画は膨大である）。筆者にとっては、東陽一監督、永島敏行主演『サード』（一九七八年）や篠田正浩監督、夏目雅子主演『瀬戸内少年野球団』（一九八四年）などが忘れがたい。後者の主人公の自室には、同志社の校章の壁掛けがあったように記憶する。古くは、小林正樹監督『あなた買います』（一九五六年）が、大学野球のエースをめぐってプロ野球のスカウトたちが暗躍するブラック・コメディである。

もちろん、日本らしいものとしては、黒澤明監督、大河内傳次郎主演『姿三四郎』（一九四三年）以来の柔道ものがあるし、ボクシングでも、梶原一騎原作の『あしたのジョー』は何度か映画化されている。吉田恵輔監督『BLUE／ブルー』（二〇二一年）は、弱い先輩ボクサー（松山ケンイチ）と強い後輩（東出昌大）の友情に女性が絡む三角関係で、弱い方が青コーナーである。この監督のボクシング歴は三〇年を超えるという。

ユニークな種目では、矢口史靖《やぐちしのぶ》監督、妻夫木聡主演『ウォーターボーイズ』（二〇〇一年）のシンクロナイズドスイミング（現アーティスティックスイミング）や、周防正行監督、本木雅弘主演『シコふんじゃった。』（一九九二年）の相撲がある。いずれもコメディ・タッチである。イギリスでも、冴えない中年男たちが主人公の、オリバー・パーカー監督『シンクロ・ダンディーズ！』（二〇一八年）が登場した。

日本でも今やサッカーはたいへんな人気だが、映画の世界では野球に後塵を拝している。サッカーや陸上競技は、イギリス映画の得意とするところであろう。前者では、グリンダ・チャーダ監督『ベッカムに恋して』（二〇〇二年）がインド系の少女を主人公にしている。ラストにベッカム本人が登場するのもご愛嬌である。後者では、『炎のランナー』や感化院を舞台にしたトニー・リチャードソン監督『長距離ランナーの孤独』（一九六二年）などが思い出される。

フェンシングと女相撲

最近では、芝山幹郎『スポーツ映画トップ100』（文春新書、二〇一八年）が出版された。著者によると、スポーツ映画のトップは『ミリオンダラー・ベイビー』で、『カリフォルニア・ドールズ』、ピーター・イェーツ監督『ヤング・ゼネレーション』（一九七九年）と続く。イェーツ作品は、インディアナ州ブルーミントン（インディアナ大学の所在地）を舞台に、地元の貧しい青年たちが大学生たちと自動車レースを競う姿を爽やかに描いている。

同書に収録されていない作品を二つ紹介しておこう。

一つは、クラウス・ハロ監督『こころに剣士を』（二〇一五年）である。第二次世界大戦中に、小国エストニアはナチス・ドイツに占領され、その後はソ連に占領された。主人公はかつてドイツ軍に参加しソ連と戦った経験を隠すため、エストニアの田舎で密かに教師の職に就いていた。彼は生徒たちのために田舎では珍しいフェンシングを教え、ついに生徒たちはレニングラードでの全国大会に出場することになった。しかし、主人公にとって、それを引率することは逮捕される危険を冒すことであった。政治とスポーツ、教師と生徒との交流がうまく絡み合っている。

もう一つは、第2章でも触れた瀬々監督『菊とギロチン』である。関東大震災後の大正末期という設定で、実在した女相撲の巡業の一行とアナーキスト集団「ギロチン社」との邂逅を描いている。女力士との一人が菊という名の少女なのである。一方は現実に、他方は理想に生きているが、ともに定住先をもたない社会のあぶれ者たちである。女相撲は江戸時代の中期からあり、明治時代の中期には複数の一座が興行していたという。

なお、鈴木透『スポーツ国家アメリカ——民主主義と巨大ビジネスのはざまで』（中公新書、二〇一八年）も、アメリカのスポーツ史を知るのに役に立つ。

第Ⅲ部　銀幕の裏表

第8章　日本映画列々

1　熊井啓と戦後、冤罪

『帝銀事件　死刑』

京都文化博物館をご存じであろうか。一九八八年に開設した京都府の文化施設である。ここにフィルムシアターがある。毎月の特集企画で、主として日本の往年の名画を廉価で鑑賞できる。筆者がこの施設と出会ったのは十数年前のことである。京都出身の俳優・田村高廣（一九二八〜二〇〇六。同志社大学経済学部卒業）の死去を受けた特集企画で、田村主演の『泥の河』（小栗康平監督、一九八一年）を観たのが、最初だったと記憶する。以前はパイプ椅子を並べた簡易施設の観があったが、数年前に改築され、すっかり映画館らしくなった。食べ物はともかく、飲み物まで禁止というのはどうかと思うが（観客には高齢者が多い）。

東京には国立フィルムセンターがある。同種の施設が地方にもなければ、日本の映画研究は東京以外で発展しない、と日本映画に造詣の深い社会学者の筒井清忠氏は指摘している（筒井清忠『時代劇映画の思想――ノスタルジーのゆくえ』ＰＨＰ新書、二〇〇〇年）。関西では二〇〇七年に、神戸映画資料館も開館した。

さて、その京都文化博物館で二〇一三年一月に、日活百周年記念上映があった。日活の創業は一九一二年、明治が終わった年である。「すると夏の暑い盛りに明治天皇が崩御になりました。その時私は明治の精神が天皇に始まって天皇に終わったような気がしました」と、夏目漱石は『こころ』の中で記している。この年、東京帝国大学教授の美濃部達吉が「天皇機関説」を提唱した。また、前年には中国で辛亥革命が始まっている。近代日本が一定の成長を遂げたのち前途に逡巡する壮年期に、日活は産声を上げたことになる。ハリウッドで最初の映画スタジオができたのは、一九一一年である。太平洋を挟んで、映画はほぼ同時進行して育っていったのである。そして、この一九一一年には、のちに映画俳優からアメリカ大統領になったロナルド・レーガンが生まれている（拙著『レーガン――いかにして「アメリカの偶像」となったか』中公新書、二〇一一年）。

日活百周年記念上映に話を戻そう。筆者が駆け込みで鑑賞したのが、熊井啓監督『帝銀事件　死刑囚』（一九六四年）である。熊井（一九三〇～二〇〇七）は松本中学・高校（旧制）を経て信州大学文理学部に学び、この間に関川秀雄監督と出会い、さらに今井正監督や山本薩夫監督とも巡り合った。こうして、熊井は一九五四年に日活に就職した。同年には、松竹に大島渚（一九三二～二〇一三）が就職している。まさに日本映画の全盛期である。その熊井の監督第一作が『帝銀事件』であった。

周知のように、帝銀事件とは、アメリカ占領下の一九四八年一月二六日に、帝国銀行（のちの三井銀行）椎名町支店で起こった殺人事件である。厚生省の技官と称した犯人が、赤痢の予防と偽って行員らに青酸化合物を飲ませて殺害し、現金と小切手約一八万円（現在なら七〇〇万円程度）を奪った。のちに平沢貞通《ひらさわさだみち》という画家が逮捕されたが、本人は無罪を主張し、実に一九八七年に九五歳で獄死している。

この事件には謎が多く、毒薬が巧みに用いられたことから、実は旧日本陸軍の七三一部隊の関係者が真犯人であるとの説や、ＧＨＱが事件の早期解決と真相の隠蔽を図ったという説もある。映画では、信欣三《しんきんぞう》が平沢を演じ、加藤嘉が真犯人の声を担当している。これからも分かるように、映画は冤罪を強く示唆している。映画公開当時も再審請求がなされており、横田喜三郎最高裁判所長官がこの作品に不快感を表明したことは有名である。ちなみに、主演の信は渋い名脇役で出演作品も多いが、この平沢役は白眉のものであると思う。

この映画を観て、二つのことに思い至った。

熊井啓と戦後日本

第一に、熊井啓と戦後日本についてである。先述のように、帝銀事件は占領下で起こった。その政治的意味については後述するが、経済的には、当時の日本は、敗戦直後の塗炭の苦しみに喘いでいた。帝銀の椎名町支店からして、銀行の支店というよりも民家同様の木造の粗末な作りである。近隣で赤痢が発生したといわれても無理のない環境でもある。この映画を観ると、事件を担当した警察や新聞社の様子も、同じく貧相この上ない。記者たちは、室内でドラム缶に木を燃やして暖をとっている。

映画のラストシーンは一九五五年（昭和三〇）で、最高裁が平沢の上告を棄却した。事件発生から七年後で、占領も三年前に終わっている。新聞社の内部も立派になっている。

さらに、映画が公開されたのは、一九六四年（昭和三九）である。先述のように、この年は何よりも東京オリンピックの年として記憶されている。

「降る雪や　明治は遠く　なりにけり」と、中村草田男は一九三一年（昭和六）に吟じた。明治の終焉からほぼ二〇年である。一九六四年も敗戦から一九年を経て高度経済成長の最中であり、戦争の記憶は遠くなりつつあった。熊井が帝銀事件という占領下の事件を監督第一作で取り上げたのも、歴史の風化への異議申し立てだったのであろう。翌六五年にも、熊井は占領下の組織犯罪を描いた『日本列島』を監督している。

その後、熊井は大作、名作を次々に手がけ、巨匠の名をほしいままにする。しかし、熊井映画の原点は、やはり『帝銀事件』にあったように思う。輝かしいキャリアの中で、彼は一九八一年（昭和五六）には再び占領下の謎の事件に挑んで『日本の熱い日々　謀殺・下山事件』を撮り、晩年の二〇〇一年（平成一三）には一九九四年（平成六）の松本サリン事件をテーマに『日本の黒い夏　冤罪』を仕上げた。事件の舞台となった松本は、熊井の青春の地でもある。

一九八一年といえば、日本が経済大国として全盛に達する時期であり、当時の鈴木善幸首相は日本の国民総生産（GNP）が世界経済に占める割合に呼応して、「一割国家」と日本の国際的責務を喚起した。

松本サリン事件の起こった一九九四年には、日本の人口に占める高齢者の比率が一四%を超えて、日本は高齢化社会から高齢社会に移行した。この年には、すでにバブル経済ははじけており、日米同盟関係の「漂流」（船橋洋一）が危惧されるようになっていた。三島由紀夫は平和憲法と民族主義の握手に憤ったが、経済成長と対米依存こそが、「戦後」の最大の特徴であった。この頃から、熊井がこだわり続けた「戦後」という言葉が、どこか虚ろに響きだしたのではなかろうか。

さらに、『日本の黒い夏』が公開された二〇〇一年の九月一一日には、アメリカで同時多発テロが発生し、世界は冷戦後の束の間の平和を終えて、「テロとの戦い」の時代に突入した。こうなると、「戦後」どころか新たな戦争の開始である。

冤罪と「反米」

第二に、裁判、または冤罪という映画のジャンルについてである。映画にとって、ジャンルはきわめて重要である。監督や脚本家はジャンルを意識することで、映画を容易に量産できたからである。ハリウッドのスタジオでは、MGMはミュージカル、監督ではチャールズ・チャップリンはコメディでアルフレッド・ヒッチコックはスリラー、俳優ならジョン・ウェインは西部劇と決まっていた。日本でも松竹は都会的なホームドラマがお得意であった。

そうした中で、裁判や冤罪を描く映画、監督も少なくない。熊井作品でも『ひかりごけ』（一九九二年）は、遭難による人肉食を扱った戦前の裁判がテーマである。『帝銀事件』や『日本列島』、『日本の熱い日々』はいずれも、アメリカ占領下の事件をテーマにしている。冤罪を生む要因は、検察、警察、マスコミ以上に、アメリカの権力であった。「反米」は戦後日本映画の、隠れた重要な要素である。橋本忍監督『私は貝になりたい』（一九五九年）、伊藤俊也監督『プライド　運命の瞬間』（一九九八年）、小泉堯史監督『明日への遺言』（二〇〇七年）など、いわゆる戦犯を扱った映画にも、冤罪に「反米」の要素が混入している。しかし、そうした戦犯ものを別にすれば、熊井の『日本の黒い夏』でも、さらには周防正行監督『それでもボクはやってない』（二〇〇七年）でも、すでに二一世紀に入っており、さすがに冤罪をアメリカに責任転嫁するわけにはいかない。

そして、裁判や冤罪を描く映画を最も得意とする国は、実はアメリカなのである。シドニー・ルメット監督『十二人の怒れる男』（一九五七年）、そして、リンカーン暗殺後の裁判を扱ったロバート・レッドフォード監督『声をかくす人』（二〇一一年）など枚挙に暇がない。陪審制が民主主義を支えているという信念が、そこには反映されている。

その他の冤罪映画

古典的なところでは、タイトルどおり、アルフレッド・ヒッチコック監督『間違えられた男』（一九五六年）がそうである。妻子持ちの売れないミュージシャンが、銀行強盗に間違えられて逮捕される。哀愁漂う主人公を演じたのは、ヘンリー・フォンダである。

佐藤純彌監督『君よ憤怒の河を渉れ』（一九七六年）は冤罪を背景にした大型アクション映画で、文化大革命後の中国で大ヒットし、主役の高倉健はかの地でも一躍有名になった。「憤怒」はもちろん「ふんぬ」と読むが、永田プロの永田雅一社長（前大映社長、大映は七一年に倒産）が「ふんど」と誤読し、そのままタイトルに「ふんど」とルビまでふらせたのは有名な逸話である。

より近作では、デヴィッド・フィンチャー監督『ゴーン・ガール』（二〇一二年）がある。妻の失踪から、夫が殺害したのではと疑われる。だが実は、妻は夫を陥れるために失踪し、その間に昔の恋人を殺害して、彼に誘拐されていたというストーリーをでっち上げる。この間、夫婦ともにメディア操作に血道を上げるのである。ロザムンド・パイクがしたたかな悪女を見事に演じている。

アントワーヌ・ランボー監督『私は確信する』（二〇一八年）は、二〇〇〇年にフランスで実際に起こった事件がテーマで、妻殺害の容疑で大学教授の夫が逮捕される。この夫は、ヒッチコックの大ファンであった。シングルマザーの主人公が容疑者の無罪を確信して、辣腕の弁護士とともに奔走する。主人公は真犯人を暴こうとするが、弁護士は容疑者の推定無罪の獲得に踏みとどまるべきだと、彼女を強く諭す。

2　三國連太郎のことども

三國と世代

先にフランス映画『愛、アムール』に触発されて、映画の中の老人について述べた。その際に、一九八〇年代の日本映画で老人をテーマにした傑作は乏しい旨を記したが、重要な一作を失念していた。吉田喜重《よしだよししげ》監督『人間の約束』（一九八六年）である。そして、そのことを想起させてくれたのは、名優・三國連太郎の死であった。

この『人間の約束』では、三國が村瀬幸子と老夫婦を演じ、しかも、二人とも認知症を患っているという設定である。思いあまって長男（河原崎長一郎）が母を殺すが、認知症の父は自分が殺したと思い込んでいる。『愛、アムール』よりも深刻な展開である。三國が六三歳の時の作品である。思えばすでに、家城《いえき》巳代治《みよじ》監督『異母兄弟』（一九五七年）で、当時三三歳の彼は、前歯を一〇本も抜いて老け役に挑んだのであった。

さて、二〇一三年四月一四日に、その三國連太郎が九〇歳で亡くなった。文字通りの名優であった。一九二三年（大正一二）の生まれだから、大正の人である。前年には明治の元老・山県有朋が亡くなり、この年の九月一日には関東大震災が発生している。生後間もない三國が関東大震災を記憶しているわけはないが、関東大震災と阪神・淡路大震災、そして東日本大震災がすべて、その生涯に収まっている。

他の著名な俳優と比較すると、三國は三船敏郎（一九二〇～九七）よりも少し若く、渥美清（一九二八～九六）や佐田啓二（一九二六～六四）よりも少し年長だが、同世代に属する（ただし、先述の三つの大震災をすべて経験したのは三國だけ）。いずれも日本映画を代表する俳優だが、二枚目から三枚目まで、善人から悪人まで、最も幅広く演じきったのは、やはり三國であろう。

佐田はあまりにも早くに亡くなってしまった。三船に三枚目は似合わなかったし、渥美に二枚目や悪人は無理であった。三船に『男はつらいよ』シリーズの「寅さん」や『釣りバカ日誌』シリーズの「スーさん」は演じられないし、渥美に殺人犯の役も巡ってはこなかった。しかも先述のように、三國は若くから老人を演じてもきた。筆者の周囲の大学生には、三國を「スーさん」としてしか知らない者もいるが（最近では、「スーさん」すら知らない若者が増えている）、それは渥美を「寅さん」としてしか知らないよりも、残念でもったいないことのように思われる。

そもそも、三國のデビュー作は、サンフランシスコ講和条約が締結された一九五一年公開の、木下惠介監督『善魔』であった。人は善を貫くために魔の心を必要とする――仏教的な響きのある「善魔」というタイトルの意味である。三國はこの二重性や矛盾を生涯演じてきたといっても過言ではない。それにしても、なんと幸せなデビューであったろうか。『善魔』で、三國は第二回ブルーリボン賞新人賞を獲得した。だが、それはむしろ些末なことである。三國連太郎という芸名は、この作品で彼が演じた青年記者の名前である（本名は佐藤政雄）。つまり、役名をそのまま芸名にしたわけである。そして、この映画のラストでは、青年記者の上司を演じた森雅之が、「三國連太郎はいい男だ」という台詞を口にする。デビュー当時から、のちの名優は大俳優に祝福されていたのである。

だが、三國は三船ほど国際的に著名であったわけではない。三國を世に送り出したのが木下惠介で、三船を一躍有名にしたのは黒澤明である。木下も黒澤も日本映画を代表する巨匠だが、国際的知名度という点では、前者は後者に遠く及ばない。二人の巨匠（否、ほとんどの巨匠）に共通するのは、晩年に凡作が多くなることである。昔からのスタッフがいなくなり、チームワークが劣化することが大きい。だが、作品群の幅や深みという点から総合すると、木下に軍配を上げることさえできよう。同じことが、三國と三船にもいえよう。

世代論に戻ろう。三國と同年生まれの脇役たちも、実に個性豊かである。水戸黄門で有名な西村晃

（一九二三〜九七）、悪役が得意で料理研究家としても知られた金子信雄（一九二三〜九五）、元二枚目で知的な風貌の根上淳（一九二三〜二〇〇五）、『男はつらいよ』シリーズの「タコ社長」が印象的な太宰久雄（一九二三〜九八）らがいる。みな三國よりも先に逝ってしまった。黒澤作品の常連だった木村功（一九二三〜八一）に至っては、食道癌のために五八歳で亡くなっている。監督では、独特の美学をもつ巨匠・鈴木清順（一九二三〜二〇一七）やプログラム・ピクチャーの名手だった井上梅次（一九二三〜二〇一〇）がいる。

女優では、京マチ子（一九二四〜二〇一九）や高峰秀子（一九二四〜二〇一〇）が、三國と同世代である。こうして、同世代の男優、女優、監督と名前を連ねると、日本映画にとって実に豊饒な時代があったことが、改めて得心される。

さらに、外国の俳優とも比べてみよう。男優では、マルチェロ・マストロヤンニ（一九二四〜九六）、マーロン・ブランド（一九二四〜二〇〇四）、女優では、グレース・ケリー（一九二五〜八二）、マリリン・モンロー（一九二六〜六二）らが同世代に当たる。前述の二重性や役柄の幅という意味では、三國はブランドに似ているかもしれない。世代は異なるが、役柄の広さと芸人臭さ、個性の強さという点で言うと、筆者の頭の中では、三國はバート・ランカスター（一九一三〜九四）としばしば重複する。

ちなみに、ジェラール・フィリップ（一九二二〜五九）も三國と同世代だが、こちらは二枚目一筋で、しかも、没年が半世紀以上異なるため、とても同世代とは思えない。

六〇年を超える俳優人生を通じて、三國連太郎はあまたの映画に出演し、その多くが映画史に残る秀作、名作であった。ここでそのいくつかを回想してみよう。

三國と名作

三國の代表作がどれかは議論のあるところだが、内田吐夢監督『飢餓海峡』（一九六五年）を挙げる人は少なくあるまい。監督にとっても代表作の一つであり、疑いなく日本映画の傑作である。水上勉の連載小説が原作で、完成版は三時間に及ぶ長編であった。

質屋の強盗殺人犯とその仲間が青函連絡船の転覆事故に遭遇し、仲間だけが生き残る。この役が三國である。この生き残りは、青森で出会った不幸な売春婦（左幸子）に大金を与える。一〇年後に女はかつての恩人が実業家として舞鶴に住むことを偶然に知り、面会を求める。しかし、過去の露見を恐れた男は女を殺してしまう。担当刑事（高倉健）らの執拗な捜査の結果、一〇年前の事件が浮かび上がり、犯人は逮捕される。だが、犯人は北海道に護送される途中に、青函連絡船から津軽海峡に身を投じるのだった。この津軽海峡こそ、貧しさゆえに人々を犯罪に走らせた「飢餓海峡」である。青森出身の伴淳三郎が、地元の老刑事役で秀逸な演技を披露している。

三國演じる主人公が強盗殺人事件にどのように関与し、なぜ一人だけ生き残ったのかは、必ずしも明らかではない。だが、この犯罪者は薄幸の娼婦に金を恵み、実業家として成功してからも社会事業に多額の寄付をしている（そのために、元娼婦は彼の所在を知る）。つまり、善行の人でもある。元娼婦は男をゆすりに行ったのではない。ただ、感謝の気持ちを伝えたかったのである。しかし、悪天候の中で稲妻が走ると、男は恐怖心に駆られて女を絞殺してしまう。そして最後は、自ら「飢餓海峡」に身を投じるのである。まさに、善と悪の交錯した人物であり、三國が最も得意とする役どころであった。

今村昌平監督『復讐するは我にあり』（一九七九年）でも、三國は複雑な人物を演じている。連続殺人犯（緒形拳）の厳格な父親で、敬虔なクリスチャンでありながら、息子の嫁（倍賞美津子）と肉体関係をもってしまうのである。逆に、母親（ミヤコ蝶々）は放蕩息子を溺愛している。タイトルは新約聖書の「ローマ人への手紙」一二章一九節による。「愛する者たちよ。自分で復讐をしないで、むしろ、神の怒りに任せなさい。なぜなら、「主が言われる。復讐はわたしのすることである。わたし自身が報復する」と書いてあるからである」。

代表作とはいえないが、伊丹十三監督『マルサの女2』（一九八八年）でも、バブルを時代背景にして、三國は宗教法人を隠れ蓑に脱税を重ねる地上げ屋を怪演していた。

このように、三國は人間の性や業を見事に演じ続けた。それはほとんど宗教的な営みであったといってよい。彼の演じた役柄の多くも、処女作『善魔』以来どこか宗教的な趣きが強い。三國は浄土真宗の熱心な門徒であり、一九八七年には『親鸞　白い道』を製作・監督するまでになった。この作品はカンヌ国際映画祭で審査員特別賞を受賞している。浅学な筆者には、いささか単調な映画に感じられたことを告白しておく。

他方で、三國は私生活では四度結婚し、数々の女優と浮名を流した。三國自身が人間の性に悩む業の深い存在であり、彼はそれに正直に向き合いカメラの前に立っていたのであろう。阪本順二監督『大鹿村《おおしかむら》騒動記』（二〇一一年）や遺作となった原田眞人監督『わが母の記』（二〇一二年）では、ほとんど台詞もなかったが、三國の姿はある種の悟りの境地すら感じさせた。とくに、前者は実子・佐藤浩市との久々の共演となり、原田芳雄の遺作ともなった。

政治の世界では、あまりにも多くの世襲議員が跋扈している。芸能界でも、親の七光りとしか思えないようなタレントや俳優が少なくない。しかし、しっかりした政治手腕や芸を養っているのなら、もちろん世襲でも大歓迎である。三國の遺した佐藤と佐田啓二の遺児・中井貴一は、いずれも人気と実力を兼ね備えた俳優である。それでも、一映画ファンとしては、三國が亡くなったことの喪失感は大きい。この種の喪失感を感じたのは、高峰秀子の死去以来のことである。合掌。

京マチ子逝く

本書のための加筆修正の作業に入った頃に、京マチ子も亡くなった。享年九五歳であった。ちょうど各地の映画館で京マチ子特集が行われた直後のことであった。京より四歳年長の原節子も、二〇一五年に九五歳で亡くなっている。その三年前には、山田五十鈴がやはり九五歳で他界している。なんという偶然であろうか。

京と高峰秀子、さらに淡島千影と乙羽信子も、三國と同じ一九二四年生まれである。大女優豊作の年であった。乙羽が一番早く一九九四年に七〇歳で亡くなり、高峰が一〇年に八六歳で、淡島が一二年に八七歳で死去した。そして、京マチ子の死がついに訪れたのである。北村匡平『美と破壊の女優——京マチ子』（筑摩選書、二〇一九年）もタイムリーに出版され、大いに参考になる。

ちなみに、より最近刊行された著書で、「仏教思想を知らないと日本のメロドラマや殺人事件などいろんなことを描いた映画のことはわかりません」と、四方田氏は指摘している。三國版『親鸞』を単調と感じるのは、やはり筆者の浅学ゆえであったと、大いに反省する。

なお、佐藤浩市の長男、寛一郎もイケメン俳優として二〇一七年にデビューした。先述の『菊とギロチン』にも出演している。又吉直樹原作、行定勲監督『劇場』（二〇二〇年）でも、存在感を示していた。父、そして祖父という巨峰を超えられるか——今後の活躍が期待される。

3　森雅之と市川雷蔵

筆者は東京で暮らしたことは一度もなく、京都での生活に十分満足している。しかし、東京が羨ましいと思うこともある。映画館や美術館の数が多いことである。東京では色々な映画館でユニークな特集をやっている。筆者が二〇一四年にのぞいたものでは、神保町シアターでの加山雄三特集（二〇一四年に喜寿を迎えていた！）や、角川シネマズでの市川雷蔵祭（二〇一四年でデビュー六〇年、没後四五年！）がある。

前者で鑑賞したのは二本である。一つは本多猪四郎監督『お嫁においで』（一九六六年）で、同年の加山のヒット曲に合わせた歌謡映画である。しかし、事実上の主演はヒロインの内藤洋子で、松山善三脚本らしく、表面的とはいえ、貧富の格差や幸せとは何かといった問いが盛り込まれている。だが、やはり一番の驚きは、『ゴジラ』の巨匠がこの歌謡映画を監督していることであろう。

二本目は堀川弘通監督『狙撃』（一九六八年）で、加山はクールな殺し屋を演じている。その主人公を付け狙う凄腕の殺し屋を演じたのが、名優・森雅之である。ほとんど台詞はないのだが、たいへんな存在感であった。

本来なら、加山と雷蔵の話をすべきところだが、今回は亡き二人の名優、森と雷蔵の話をしたいと思う。森と雷蔵なら十分語るに値しよう。

森雅之の憂い

まず、森雅之についてである。周知のように、父は「白樺派」の小説家の有島武郎で、本名は有島行光といい、一九一一年に札幌で生まれている。この年も日本映画界にとっては豊作で、他にも加東大介や北林谷栄、吉村公三郎らが生まれている。加東は黒澤明監督『七人の侍』(一九五四年)など多くの名作に出演したし、北林は「日本一のお婆ちゃん」として親しまれた。今井正監督『キクとイサム』(一九五九年)をはじめ、出演作は枚挙に暇がない。吉村は『安城家の舞踏会』(一九四七年)など、数々の名作を手がけた巨匠である。

森の母・安子の父は陸軍大将・男爵の神尾光臣であったから、彼は文化的にも経済的にもきわめて恵まれた家庭に生を受けたことになる。一家は森が三歳の時に東京に転居している。しかし、幸せは長く続かず、五歳にして母を結核で亡くし、一二歳の時に父が心中自殺を遂げる。以後、森は弟二人とともに叔父の有島生馬に育てられた。生馬は画家で、その妻は原田熊雄(西園寺公望の私設秘書、男爵)の妹であった。さらに、武郎、生馬の末弟は高名な作家の里見弴《さとみとん》である。華麗な閨閥と不幸な幼少時代の組み合わせである。

森は成城高校時代から演劇を志し、一九三〇年には築地小劇場でエキストラとして舞台に立っている。森雅之という芸名を最初に名乗ったのも、高校時代である。京都帝国大学哲学科美学美術史専攻に学ぶが、結核を患い、中退している。その後、文学座や劇団民藝に加わるが、後者は思想的な内紛に反発して脱退している。一九四七年に、森は前述の吉村監督『安城家の舞踏会』でニヒルな没落貴族を演じて注目され、映画界に進出した。以後、黒澤監督『羅生門』（一九五〇年）、溝口健二監督『雨月物語』（一九五三年）、成瀬《なるせ》巳喜男《みきお》監督『浮雲』（一九五五年）など、数々の名作に出演した。知的でニヒルな役柄が多かった。

　また、有島武郎の息子ということもあってか、文芸作品への出演も目立つ。米アカデミー賞をはじめとして、カンヌ、ヴェネチア、ベルリンの世界三大映画祭でも、出演作品がすべて受賞している。この人を抜きに、日本映画史は語れないのである。

　私生活では、不倫、離婚、再婚を経験して、一九七三年に六二歳で直腸癌のために亡くなっている。早すぎる死であった。時は田中角栄内閣、ベトナム戦争が終結に向かう一方、日本では金大中事件（八月八日）が起こり、チリでクーデターが起こる（九月一一日）など、高度成長時代とアメリカの圧倒的な力の優位の時代のあとの、先行きの見えない不安な時代であった。イギリスの歴史家エリック・ボブズボームによると、戦後の黄金時代から危機の時代への転機に当たる。

　貴種と不幸な幼少期、舞台での修練、巨匠たちとの邂逅——これらが重なって、森雅之を類まれな名優にした。ダイナミックな三船敏郎とは異なる静けさがあり、名優・三國連太郎にして醸し出せない気品があった。それでいて、三國同様に、森は時にはコミカルな役や悪役をもそつなくこなしたのである。

市川雷蔵の翳り

さて、市川雷蔵である。一九三一年八月に、亀崎章雄として京都の西木屋町で生まれた。男優では高倉健や宇津井健、杉浦直樹、そして、ジェームズ・ディーン、女優では八千草薫や久我美子が同年の生まれである。同年九月には満洲事変が勃発している。

雷蔵は、生後六カ月で母方の伯父で歌舞伎役者の市川九團次《くだんじ》の養子となり、竹内嘉男と改名する。嘉男は一五歳にして大阪歌舞伎座で初舞台を踏んだが、義父は脇役にすぎず、歌舞伎の世界での出世は望めなかった。そこで、五一年に市川壽海《じゅかい》の養子になった。演出家の武智鉄二の取り持ちによる（実は壽海こそ雷蔵の実父ではないかとの噂もあった）。こうして、彼の名は再び変わり、太田吉哉になった。

それでも、雷蔵には大部屋の日々が続き、ついに五四年、大映から映画俳優としてデビューし、一躍スターになるのである。映画界では、壽海の養子として丁重に扱われた。大映の同期には、勝新太郎がいる。デビュー作の田坂勝彦監督『花の白虎隊』でもこの二人は共演しているが、雷蔵の方がはるかに格上であった。

雷蔵は長谷川一夫の後継者として、二枚目の剣士役などを得意としたが、一九五八年に市川崑監督『炎上』（大映）で吃音に苦しむ若い僧侶を演じて、その演技力を高く評価された。原作の三島由紀夫も絶賛している。三島の『金閣寺』は何度か映画化されているが、やはりこの雷蔵の主演が最も印象的である。キネマ旬報ベストテン主演男優賞やブルーリボン賞主演男優賞を受賞している。以後、雷蔵は『眠狂四郎』や『忍びの者』、『濡れ髪』、『若親分』、さらには『陸軍中野学校』など、数々のシリーズものでもヒットを飛ばした。高倉健や勝新太郎がいつも同じようなキャラクターを演じてきたのに対して、雷蔵は時には剣豪、時には忍者、時には俠客、時にはスパイ、そして、時には若殿様や若旦那と、幅広い役をこなしてきたのである。

まさに大映を支え、日本映画界を支える大スターになった雷蔵だが、一九六九年にこれも直腸癌のために三七歳の若さで亡くなってしまった。一五年の映画俳優生活で一五〇本を超える映画に出演しているのだから、実に旺盛なものである。

一九六九年といえば、日本はすでに世界第二の経済大国の地位に達しており、一月に東京大学安田講堂で攻防戦が繰り広げられるなど学園紛争が深刻化し、国際的にはベトナム戦争が激化していた。他方で、ＴＢＳで『水戸黄門』の放送が始まるなど、テレビが全盛期を迎える。雷蔵の死は時代劇映画の時代の終焉を象徴しており、彼が支えた大映の終焉をも意味した。実際、大映は二年後の一九七一年に倒産している。日活はロマン・ポルノに転じて、なんとか生きのびた。それに対して、『水戸黄門』のマンネリズムは「世界第二の経済大国」の象徴であった。二〇一一年には、『水戸黄門』の終了と時を合わせて、日本は「世界第二の経済大国」の地位を中国に明け渡している。

森の場合と同様に、複雑な幼年期と舞台での経験が、雷蔵を単なる美形スター以上のものにした。彼にも常に翳があった。他方、森とは異なり、雷蔵は主として娯楽作品で活躍した。海外で高く評価されているわけでもない。しかし、国内では彼のファンは未だに後を絶たない。雷蔵に関する多くの書物も刊行されている。「市川雷蔵」はすでに確固たる神話である。国内外での評価のギャップは、司馬遼太郎にも似ていよう。

また、森が多くの巨匠と出会ったように、雷蔵は数々の女優と遭遇した。嵯峨美智子（瑳峨三智子）や若尾文子、中村玉緒、京マチ子、山本富士子らである。いずれも当時の日本映画界を代表する女優たちである。彼女たちとの艶やかな共演が、雷蔵の粋に磨きをかけた。しかし、私生活では地味な人だったようである。京都の花街には、雷蔵を知る者が今も少なくないが、黒縁眼鏡をかけたその素顔は銀行員のようだったという。こうしたギャップもまた、彼の魅力といえよう。

森や雷蔵は多くの文芸映画に出演したが、今では映画の多くが漫画やテレビドラマを原作にしている。俳優やスターも促成栽培になった。当然、役作りも戯画的で平板なことが多い。雷蔵や森が亡くなった頃に、日本の映画界も日本社会も何か大切なものを失ってしまったのかもしれない。そして、「世界第二の経済大国」の地位を失った今、かつて喪失したものを再考する絶好の機会なのかもしれない。そんな思いで、銀幕と呼ばれたスクリーンの中の森や雷蔵に、改めて見入っていたのである。

芸術家、貴族の子弟、そして梨園

森雅之が有島武郎の長男なら、芥川《あくたがわ》比呂志《ひろし》は龍之介の長男である。今井正監督『にごりえ』（一九五三年）や稲垣浩監督『無法松の一生』（一九五八年）などが忘れられない。前者では人力車の車夫を、後者では車夫の無法松と懇意になる陸軍将校を演じた。比呂志も影のある俳優で、一九八一年に六一歳で亡くなっている。末弟の也寸志《やすし》は著名な作曲家であった。二枚目の池部良は有名な風刺漫画家を父にもち、画家の岡本太郎とは従兄弟同士であった。池部は長命で、二〇一〇年に九二歳で亡くなった。

また、森は男爵家の血を引くが、加山雄三の母親は岩倉公爵家の出身である。意外にも、コメディアンの古川ロッパも加藤弘之男爵（東京帝国大学総長）の孫であった。戦後しばらくの間は、「華族」という言葉がまだリアリティーを伴っていたのである。

市川雷蔵や同世代の大川橋蔵、萬屋錦之介、一世代上の坂東妻三郎、嵐寛寿郎、長谷川一夫、片岡千恵蔵、市川歌右衛門はみな歌舞伎の出身であった。坂妻ら旧世代の五人に大河内傳次郎を加えて、「時代劇六大スタア」と呼ばれた。もちろん、時代劇映画は歌舞伎の様式美に大きく影響されている。ただし、彼らは梨園の名門ではなく、歌舞伎で大成しないまま映画界に転じた。歌舞伎界のほうが映画界より格上だが、歌舞伎は斜陽と目されていたので、彼らにとって、それは片道切符の転進であった。映画で成功した上で歌舞伎界に戻って再び成功したのは、二代目中村雁治郎と四代目中村雀《じゃく》右衛《え》門《もん》（前名の七代目大谷友右衛門で多くの映画に出演）ぐらいではなかろうか。逆にテレビや映画から歌舞伎に進出した香川照之（九代目市川中車《ちゅうしゃ》）は、二代目市川猿翁《えんおう》を父にもつとはいえ、稀有な例である。

今では「シネマ歌舞伎」も人気である。そもそも、日本映画最初のスターは「目玉の松ちゃん」こと二代目尾上《おのえ》松《まつ》乃助《のすけ》だったし、早くも一八九九年には九代目市川團十郎と五代目尾上菊五郎の舞台「紅葉狩」が記録映画になっているから、「シネマ歌舞伎」は一世紀を経た「先祖返り」でもある。

4　高倉健と日米関係

「健さん」逝く

二〇一四年一一月一〇日に、俳優の高倉健が亡くなった。享年八三歳であった。高倉健の誕生日は一九三一年二月一六日なので、ジェームズ・ディーンに遅れることわずか一週間である。市川雷蔵も三一年八月に生まれている。没年こそ異なるが、三人とも同世代なのである。こうして、三一年生まれの三人のスターがみな逝ってしまった。そして、命日で言うなら、高倉健は森繁久弥（二〇〇九年）と森光子（二〇一二年）と同じ日に旅立ったことになる。しかも、三人とも文化勲章受章者であった。奇縁である。

また、高倉健は「健さん」と呼び親しまれた。おそらく、名前だけで呼び親しまれた映画俳優は、他には、「雷蔵」、「小百合ちゃん」こと吉永小百合と、「裕次郎」すなわち石原裕次郎ぐらいではなかろうか。「健さん」はそれほど国民的存在だったのである。また、「健さん」逝去の報の直後に、同じくヤクザ映画のスター菅原文太死去が伝えられた。こちらは享年八一歳であった。彼も若い頃には、銀幕の中で「健さん」に斬られていた。どちらも一八〇センチ前後の長身で、「健さん」が福岡県出身で明治大学卒業なら、「文ちゃん」（菅原の愛称）は宮城県出身で早稲田大学の栄えある中退である。

これから繰り返し、「健さん」の伝説が語られ、高倉健とは何者であったのかが問われ、論じられるであろう。今の筆者には、高倉健とは何者だったのかを論じる準備はない。本項はほんの走り書きにすぎない。

個人的な関心に（それも極端に）引き付けると、高倉健とは何者であったのかよりも、何者でなかったのかが気になる。筆者にとって、高倉健はおよそ反ロナルド・レーガンなのである。長いキャリアを通じて、レーガンはラジオのアナウンサーから映画俳優へ、テレビの司会者へ、そして、カリフォルニア州知事、アメリカ合衆国大統領へと、カラフルに転じた。ところが、高倉健は一貫して映画俳優であった（テレビ出演も限られている）。また、レーガンが巧みな話術と明るい笑顔で人々を魅了したのに対して、高倉健は「不器用ですから」と、無口と仏頂面を売り物にした。さらに、レーガンが大統領にまでなり、日本でも多くの俳優、芸能人が時として政治的立場やイデオロギーを鮮明にしたのに対して、高倉健は終始、非政治的であった。彼の出演映画にすら、政治性を看取することは容易ではない。筆者の理解する限り、両者の数少ない共通点は、手紙の人であったことであろう。二人とも実に小まめに、しかも、市井の人々をも相手に手紙を書き続けた。その人柄が偲ばれよう。

日米関係の中の日本男優の系譜

先述のように、「健さん」は国民的存在であった。「小百合ちゃん」や「裕次郎」、そして「寅さん」こと渥美清に匹敵しよう（ともに旅の人という点以外は、「健さん」と「寅さん」も好対照である）。この「国民的存在」という表現は、もちろん肯定的なのだが、逆に言うと、国際的にはそれほど知られていないか注目されていないという意味にもなろう。小説の分野でも、たとえば司馬遼太郎は国民的作家だが、『殉死』や『竜馬がゆく』などの例外はあるものの、その作品はほとんど翻訳されておらず、管見では、海外で高い評価を得ているふうでもない（筆者は司馬のファンであることを申し添えておく）。芸術や文化の受容・理解をめぐっては、しばしば、内外に大きなギャップがあるものである。哲学者の内田樹氏は、司馬文学を「内向き」と喝破している。

もちろん、「国際的」が何を指すかは多義的である。たとえば、高倉健の場合、先述の佐藤監督『君よ憤怒の河を渡れ』が、文化大革命後の中国で外国映画として初めて公開され（中国での題名は『追捕』）、中国人の半分が観たといわれるほど大ヒットした。この作品のファンになった張芸謀監督は、降旗康男監督と共同で『単騎、千里を走る。』（二〇〇五年）を製作（中国での題名は『千里走単騎』で二〇〇五年公開）し、もちろん、高倉健を主演に迎えた。タイトルは『三国志』に由来する仮面劇で、父親が病気の息子に代わって中国までこれを撮影に出かける。この映画を機に、高倉健は北京電影学院の客員教授も務めた。また、彼は高校時代にＥＳＳに所属するなど、英語に堪能で東京アメリカンクラブのメンバーとして、アメリカ人の知己も多かったという。

そこで、ここでは「国際的」をハリウッドでの受容と認知に限定しよう。

二人の先輩

ハリウッドで名を馳せた日本人男優といえば、やはり早川《はやかわ》雪洲《せっしゅう》に遡るであろう。海外では、セッシュー・ハヤカワ（Sessue Hayakawa）で知られる。早川は一八八九年生まれだから、一九世紀の人である。一九〇七年に単身アメリカに渡り、一九一五年には巨匠セシル・B・デミル監督の名作サイレント映画『チート』に出演している。彼は日本人美術商ヒシュル・トリの役で、当時人気女優だったファニー・ウォードを借金のかたにとり、自らの所有物であることの印として、彼女の肌に焼き鏝まで当てるのである。ついには、トリは白人の制裁を受けることになる。この映画の題名は、英語で不当な行為やずるい行為を指す。これで、早川は一躍ハリウッドで注目された。イタリア出身の二枚目ルドルフ・ヴァレンチノと並んで、エキゾチックな男優の代名詞とすらみなされたのである。

しかし当然、この映画は日本と日本人の間では不評で、日本では公開されなかったし、在米日本人の間では「国辱」「売国奴」として、中には「雪洲撲殺団」まで結成されたという。のちにリバイバル公開された際には、日本への配慮から、トリの役柄は「ビルマ人の象牙王ハカ・アラカワ」に変更されている。

今日『チート』を観たことのある者は、少なかろう。早川の出演作品で、われわれ日本人の間ではるかに有名なのは、デヴィッド・リーン監督『戦場にかける橋』（一九五七年）であろう。第二次世界大戦下のビルマを舞台に、日本軍の捕虜となったイギリス兵らが泰緬《たいめん》鉄道建設のために過酷な労働に動員される物語である。だが、やがてイギリス軍将校（アレック・ギネス）と日本軍の捕虜収容所長（早川）の間に、不思議な友情が芽生える。これにウィリアム・ホールデン演じるアメリカ人将校も一枚嚙むことになる。主題歌の『クワイ河マーチ』はあまりにも有名である。この作品では、早川は厳格で時として残酷だが、武士道精神を称えた人物として描かれている。ちなみに、原作者のピエール・ブールはフランス人で、実際に日本軍の捕虜となり様々な拷問や体罰を受けた。

戦後、ハリウッドで最も知られた日本人男優といえば、なんといっても「世界のミフネ」、三船敏郎であろう。黒澤明監督の名作『羅生門』（一九五〇年）がヴェネチア国際映画祭グランプリを獲得したことから世界的に注目され、自らも『用心棒』（一九六一年）と『赤ひげ』（一九六五年）で二度ヴェネチア国際映画祭の主演男優賞を獲得している。もちろん、『七人の侍』（一九五四年）の主役として、あまねく知られる。その他にも、三船主演作で稲垣浩監督の『宮本武蔵』（一九五四年）はアカデミー外国語映画賞を、『無法松の一生』（一九五八年）はヴェネチア国際映画祭グランプリをそれぞれ獲得している。これだけの経歴の持ち主でも、三船は紫綬褒章と勲三等瑞宝章受章にとどまり、高倉健は文化勲章受章である。この間、映画俳優のステイタスが向上したということか、叙勲の論理が変化したということか。芸能人と勲章・褒章の関係、否、総じて叙勲の力学こそは、「文化の政治学」の取り組むべき興味深いトピックであろう。

さて、三船はハリウッドでの出演作も数多く、ジョージ・ルーカス監督『スター・ウォーズ』（一九七七年）では、オビワン役やダース・ベイダー卿の役のオファーを断ったという。また、『ベスト・キッド』でも、空手の達人ミヤギ老人役をオファーされて断ったという。かと思えば、スティーヴン・スピルバーグ監督のコメディ『１９４１』（一九七九年）に、日本の潜水艦の艦長役で出演したりしている。ほとんどのハリウッド出演作品で、三船は山本五十六のような軍人や侍を演じ続けてきた。

高倉健とハリウッド

もちろん、三船ほどではないが、高倉健もハリウッド映画に出演している。シドニー・ポラック監督『ザ・ヤクザ』（一九七四年）では、主演のロバート・ミッチャムを助ける元ヤクザの役を演じている。すでに日本ではヤクザ映画が斜陽期に入っていた。「義理というのは義務（duty）のことか」と問うミッチャムに、「重荷（burden）でござんす」と高倉健は答える。この作品は、二〇〇五年にスティーヴン・セガール主演『イントゥ・ザ・サン』としてリメイクされている。ラストの殴り込みは『昭和残俠伝』シリーズを連想させるものの、リメイクもここまでチープだとコメディの域に達する。さらに、フレッド・スケピシ監督『ミスター・ベースボール』（一九九三年）では、中日ドラゴンズにトレードされてきたアメリカの野球選手（トム・セレック）に手を焼く監督を、高倉健はコミカルに演じている。よく高倉健は高倉健だけを演じてきたといわれるが、ハリウッドでの役柄に関していえば、三船より彼のほうが多彩かもしれない。

ハリウッドでの高倉健の代表作は、やはりリドリー・スコット監督『ブラック・レイン』（一九八九年）である。ここでは、マイケル・ダグラスを相手に、高倉健は大阪府警の刑事を演じている。この作品は松田優作の遺作ともなった。題名は原爆投下や空爆によって生じる煤まじりの雨のことで、大阪大空襲が背景にある。日本経済の絶頂期にも、日本人が「あの戦争」を引きずっている姿が浮き彫りになる。

早川や三船、高倉健の後に続いてハリウッドで日本人を演じ続ける男優はいるだろうか。おそらく、もう一人の「ケンさん」、つまり、渡辺謙が有力であろう。あるいは、真田広之や浅野忠信も有望であろう。早川は東洋の神秘を、三船は日本の武勇を、そして「健さん」は日本の隠忍をハリウッドでもっぱら体現した。願わくば、第二、第三の「健さん」には、より多様な役柄を演じてもらいたい。それが日米関係の成熟というものであろう。

日本人俳優の活躍を規定するもの

古くは、日系アメリカ人のジョージ・タケイが『宇宙大作戦』と『スタートレック』シリーズのヒカル・スールー役で知られた。ヒカルは日本人とフィリピン人のハーフという設定だが、日本語版吹き替えではカトーという典型的な日本人名になっている。ちなみに、二〇〇八年にタケイはロサンジェルスの全米日系人博物館で男性のパートナーと挙式した。また、彼は幼少期に日系人強制収容所で数年を過ごしている。差別との戦いの人生といえよう。

アクション俳優としては千葉真一もハリウッドで長らく活躍しており、キアヌ・リーブスは千葉の大ファンとの由である。役所広司もロブ・マーシャル監督『SAYURI』（二〇〇五年）やアレハンドロ・ゴンザレス・イニャリトゥ監督『バベル』（二〇〇六年）などで存在感を示す。前者には渡辺や工藤夕貴、桃井かおりらが共演しており、後者では菊地凜子が聾唖の高校生を演じて、アカデミー助演女優賞にノミネートされた他、ナショナル・ボード・オブ・レビュー賞などを受賞した。浅野忠信もケネス・ブラナー監督『マイティ・ソー』（二〇一一年）シリーズで活躍している。

ただし、日本人俳優がハリウッドで活躍するには、演技力や英語力はもとより、日本のマーケット価値やアメリカ国内での日系アメリカ人コミュニティーの存在感などが大きく影響しよう。残念ながら、前者では中国にはるかに劣り、後者では韓国系よりはるかに弱体というのが、実情である。たとえば、クエンティン・タランティーノ監督『ワンス・アポン・ア・タイム・イン・ハリウッド』でのブルース・リーの描き方が侮辱的だとして、中国はこの作品の公開を拒否した。興行的には大打撃だという。だが、中国のこうした露骨な圧力行使は、長期的には彼らのソフトパワーを一層傷つけるであろう。

第9章　ハリウッドの虚実

1　リメイク映画の愉しみ

ハリウッド黄金時代のリメイク

数ある映画の愉しみの一つに、リメイクの比較鑑賞がある。そもそも、オリジナルが魅力的だからリメイクされるわけで、リメイクの比較鑑賞は満足度が高い。また、これがリメイクだったのかと気づく愉しみもある。もちろん、リメイク映画は枚挙に暇がないが、思いつくままに、いくつか代表的なものを紹介しよう。

古典的なものでは、『ステラ・ダラス』がある。まずは、サイレント時代にヘンリー・キング監督によって作られ、次いで一九三七年にキング・ヴィダー監督が手がけた。さらに、一九九〇年にもジョン・エアマン監督によって、『ステラ』という題名で再びリメイクされている。陽気だが無教養なステラは上流階級出身の夫と不和になり、最愛の娘の幸せのため身を引いていく。娘の立派な結婚式の様子を窓越しに眺めて涙するステラ——有名なラストシーンである。エアマン版では、ステラは未婚の母という設定に変わっている。

同様に、エルンスト・ルビッチ監督の『街角／桃色の店』（一九四〇年）も、半世紀以上を経て、ノーラ・エフロン監督『ユー・ガット・メール』（一九九八年）でリメイクされている。男女のすれ違いの恋を描いた作品だが、ルビッチ版では私書箱が、エフロン版では電子メールが媒介になっている。エフロン版では、男の経営する大規模書店の進出で、女の営む老舗の書店が倒産する。今では、ほとんどの大規模書店もオンライン商法に駆逐されてしまったが。主演のトム・ハンクスとメグ・ライアンは同監督『めぐり逢えたら』（一九九三年）にも主演しているから、いっそうお洒落である。

このように、時代を越えてリメイクが成功するには、テーマに普遍性がなければならない。普遍的なテーマを異なる設定や背景で描くところに、監督や脚本家の腕がある。

『ベン・ハー』や『十戒』と聞けば、往年の洋画ファンはチャールトン・ヘストンの雄姿を想起するかもしれない。しかし、これらも、既述のようにリメイクである。前者は一九二五年にフレッド・ニブロ監督によって、後者は一九二三年にセシル・B・デミル監督によって、オリジナルが作られている。いずれもサイレントだがリメイク版に引けをとらない迫力である。『十戒』（一九五六年）もデミルが監督だから、彼は自分の映画をリメイクしたことになる。

また痛快なのは、ウィリアム・ワイラー監督、オードリー・ヘプバーン主演の『ローマの休日』を、フランク・キャプラ監督、クラーク・ゲーブル主演の『或る夜の出来事』（一九三四年）のリメイクと読み解く解釈である。良家の子女が窮屈な日常から逃避行し、新聞記者と出会って恋に落ちるというメイン・ストーリーは、たしかに同じである（ただし、結末は異なる）。また、『或る夜の出来事』は、その後のロードムービーの原点でもある。

やはり、このように見ると、一九二〇年代から三〇年代のハリウッドがいかに生産的で、その後の数々の名作にオリジナルを提供していることが、よく分かる。ちなみに、一九二〇年代にハリウッド映画が急速に台頭した背景として、第一次世界大戦によってヨーロッパの映画産業が大打撃を蒙ったことや、戦争や疫病（スペイン風邪）の後に人々が娯楽を強く求めたことなどが指摘できる。

それでは、日本映画はどうであろうか。

日本映画のリメイク

往年の邦画ファンなら、あるいは、『雪之丞変化』や『無法松の一生』、『細雪《ささめゆき》』を思いつくかもしれない。

『雪之丞変化』は実に六回映画化されている。最初は一九三五〜三六年にかけて衣笠貞之助監督によるもので、主演は林長二郎（のちの長谷川一夫）であった。五四年には東千代之介《あずまちよのすけ》、五七年には美空ひばり、五九年には大川橋蔵主演でそれぞれリメイクされ、六三年に市川崑監督によって再び長谷川一夫主演でリメイクされた。文字通り長谷川の当たり役である。

『無法松の一生』も四回映画化されている。最初は稲垣浩監督、坂東妻三郎主演で一九四三年に作られ、五八年に再び稲垣監督が三船敏郎主演でメガホンを握った。四三年版では、車夫風情が将校の未亡人に恋するなど言語道断と、陸軍の圧力でラストシーンの修正を迫られた。五八年版でヴェネチア国際映画祭金獅子賞を受賞して、稲垣はこの恨みを晴らした。その後、六三年には三國連太郎主演、六五年には勝新太郎主演で映画化されている。

『細雪』は三回映画化されている。一九五〇年に阿部豊監督、花井蘭子他出演で作られ、その後は五九年に島耕二監督、轟《とどろき》夕起子《ゆきこ》他出演で（轟は五〇年版にも出演）、八三年には市川崑監督、岸恵子、吉永小百合他出演でリメイクされた。

『雪之丞変化』の復讐、『無法松の一生』の純愛、『細雪』の女性美は、いずれも日本人の感性に強く働きかけるものなのかもしれない。

また最近では、『椿三十郎』や『隠し砦の三悪人』、『十三人の刺客』、『切腹』といった一九六〇年代の重厚な時代劇が相次いでリメイクされた。言うまでもなく、『椿三十郎』は一九六二年の黒澤明監督の傑作だが、二〇〇七年に森田芳光監督によってリメイクされた。『隠し砦の三悪人』も一九五八年の黒澤作品のエンターテインメントで、二〇〇八年に樋口真嗣監督によってリメイクされた。一九六二年の小林正樹監督『切腹』は二〇一一年に三池崇史監督によって『一命』という名で、六三年の工藤栄一監督『十三人の刺客』も同じく三池監督によって二〇一〇年にリメイクされている。いずれも、オリジナルは巨匠による時代劇全盛時代の末期を飾る傑作であった。

時代劇ではないが、橋本忍監督の処女作『私は貝になりたい』（一九五九年）も二〇〇八年に福澤克雄監督の手でリメイクされた。いずれも、オリジナルから半世紀ほど経てのリメイクである。二〇〇〇年代はリメイクの花盛りであった。不透明な時代状況への不安が過去への回帰志向に繋がったのであろうか。

ＳＦでは、小松左京原作の大作『日本沈没』が二度作られている。森谷司郎監督による一九七三年版は第一次石油危機と重なり、樋口真嗣監督による二〇〇六年版は第一次安倍晋三内閣の下で自由民主党が参院選に大敗する頃と重なる。やはり危機意識が共通項である。前者では丹波哲郎が田中角栄に似た首相を演じ、後者では石坂浩二が小泉純一郎に似た首相を演じた（石坂と小泉は慶應義塾大学の同級生）。さらに、二〇〇六年には河崎実監督『日本以外全部沈没』も映画化されている。原作は筒井康隆によるパロディである。パロディや二次創作という文化が、映画のリメイクをさらに豊かなものにしている。

前述のように、三池監督は傑作のリメイクを相次いで手がけたが、市川崑監督もリメイクが好きである。『無法松の一生』の稲垣監督のように、市川監督も自作のリメイクに熱心であった。一九五六年には安井昌二主演で、八五年には中井貴一主演で、『ビルマの竪琴』を手がけている。また、一九七六年と二〇〇六年には、いずれも石坂浩二主演で『犬神家の一族』を作った。同一監督によるリメイクなので、インターバルは半世紀ではなく、ほぼ三〇年である。ちなみに、リメイク好きの市川監督による『おとうと』（一九六〇年）は、山田洋次監督によって二〇一〇年にリメイクされているから、映画の因縁は複雑である。

さらに、国境を越えたリメイクもある。

黒澤監督の傑作時代劇『七人の侍』（一九五四年）が、早くも六〇年にジョン・スタージェス監督によって『荒野の七人』としてリメイクされたことは、よく知られる。時代劇と西部劇の親和性は高く、逆に西部劇が時代劇に影響したものも少なくない。

さらに、一九七七年の山田洋次監督作品『幸せの黄色いハンカチ』も、二〇〇八年にウダマン・プラサート監督によって『イエロー・ハンカチーフ』としてアメリカでリメイクされた。桃井かおりが両方に顔を出しているのは、ご愛嬌である。『幸せの黄色いハンカチ』の原作は『ニューヨーク・ポスト』に連載されたピート・ハミルの小説だというから、この作品は日米の間を二度往復したことになる。

ラーマン＝ディカプリオのコンビ

古典的な文学が原作である場合、リメイクされる公算が高い。代表的なものはシェークスピアであろう。「世界で最も有名なラブロマンス」たる『ロミオとジュリエット』に至っては、七回も映画化されている（一九五五年には、ソ連でもバレイ様式で製作されている由）。その中でもとりわけ印象深いのが、フランコ・ゼフィレッリ監督による一九六八年の作品とバズ・ラーマン監督による一九九六年の作品『ロミオ&ジュリエット』であろう。前者で主役を演じたレオナード・ホワイティングとオリビア・ハッセーは当時まったく無名で、それぞれ一六歳と一五歳という瑞々しさであった。「ヤング・スター旋風」と呼ばれたものである。これに対して、ラーマン版は設定を現代に移し、任期上昇中のレオナルド・ディカプリオを主演に起用して、豪華でテンポの速い映像を現代劇で展開した。ディカプリオは翌九七年に『タイタニック』で、さらに大ブレイクする。

また、ロバート・ワイズとジェローム・ロビンズが監督した『ウエスト・サイド物語』（一九六一年）は、『ロミオとジュリエット』を元にしたミュージカルである。こちらもスティーヴン・スピルバーグ監督『ウエスト・サイド・ストーリー』として二〇二一年にリメイクされた。

そして、ラーマン＝ディカプリオのコンビは、もう一つの文芸作品のリメイクに挑んだ。『華麗なるギャツビー』（二〇一三年）である。ご覧になった向きも多かろう。原作はもちろん、F・スコット・フィッツジェラルドの『グレート・ギャツビー』（一九二五年）である。「失われた世代」（ロスト・ジェネレーション）による、一九二〇年代の退廃的で甘美なこの小説は、一九七四年にジャック・クレイトン監督、ロバート・レッドフォード主演で映画化されていた（脚本はフランシス・コッポラ）。レッドフォードは上品で謎めいた美青年を好演したが、ディカプリオは内面の葛藤を露わにした個性的なギャツビーを提示してみせた。また、ラーマン作品は、例によって衣装も設定も豪華をきわめる。

実は、このラーマン＝ディカプリオ版の『華麗なるギャツビー』を鑑賞したことから、今回はリメイク映画に思いをはせることになった。やがて、懐かしいアニメ『ガッチャマン』の実写版（佐藤東弥監督、二〇一三年）や『スーパーマン』のリメイクとしてザック・スナイダー監督『マン・オブ・スティール』（二〇一三年）も公開された。一三年当時のアメリカの大統領はオバマだが、このリメイク版には大統領は現れない。その代わり、黒人の将軍が登場する。旧作『スーパーマンⅡ／冒険篇』（一九八一年）では、大統領は宇宙からの侵略者に屈服してしまう。リベラル・ハリウッドにとって、史上初の黒人大統領にそのような屈辱を与えるわけにはいかなかったのであろう。リメイクから映画の歴史と自分史を遡る愉しみは尽きない。

2　米アカデミー賞の魅力

第八六回アカデミー賞　アカデミー賞授賞式といえば、多くの映画ファンにとって年間最大のイベントであろう。

二〇一四年三月二日に開催された第八六回アカデミー賞を例にとってみよう。作品賞にノミネートされたのは、以下の九本である。いずれも力作ぞろいであった。

- デヴィッド・O・ラッセル監督『アメリカン・ハッスル』
- ポール・グリーングラス監督『キャプテン・フィリップス』
- ジャン＝マルク・ヴァレ監督『ダラス・バイヤーズクラブ』
- アルフォンソ・キュアロン監督『ゼロ・グラビティ』
- スパイク・ジョーンズ監督『her／世界でひとつの彼女』
- アレクサンダー・ペイン監督『ネブラスカ　ふたつの心をつなぐ旅』
- スティーヴン・フリアーズ監督『あなたを抱きしめる日まで』
- スティーヴ・マックイーン監督『それでも夜は明ける』

・マーティン・スコセッシ監督『ウルフ・オブ・ウォールストリート』

そして、最優秀作品賞に選ばれたのは、『それでも夜は明ける』であった。

以下、若干の感想を記しておきたい。

『それでも夜は明ける』

まず、最優秀作品賞である。南北戦争前の一八四一年のこと、ニューヨークに住む自由黒人で音楽家のソロモン・ノーサップ（キウェテル・イジョフォー）が騙されて誘拐され、奴隷として南部に売り飛ばされる。奴隷名はプラットである。彼はその才能を買われて主人たちに重用される一方、反発され迫害されもした。とりわけ、マイケル・ファスベンダー演じる主人は残酷この上ない。やがて、ソロモンは奴隷制撤廃を主張するカナダ人大工（ブラッド・ピット）の助けをかりて、自由黒人であることを証明し、一二年ぶりに愛する家族と再会するのだった。

原題は"*12 Years a Slave*"である。実話に基づくという。壮絶の一語に尽きる。見応えはあるが、そのぶん重たい。最初の主人だったフォード（ベネディクト・カンバーバッチ）は、聖書を愛唱し慈悲深い。プラットも彼を「立派な方」と呼んでいる。だが、フォードは財産を失うことを恐れて、プラットが実は自由黒人であると知っても、彼を救おうとはしない。善良な人間の善意の限界、あるいは弱さが示されている。次の主人（ファスベンダー）はサディスティックで、パッツィー（ルピタ・ニョンゴ）という若い女性奴隷を性的に虐待した上、嫉妬にかられて鞭打ちに処する。プラットことソロモンが自由の身となってプランテーションを去る時、彼女が示す切ない瞳は人生の悲哀を象徴している。

ハリウッド映画の歴史をふり返ってみると、実は何度も黒人が重要な役割を果たしてきた。しかし、それは「黒人の排除に基づく」。ここで、フランスの映画批評家、ジャン＝ミシェル・フロドンの著書を繙いてみよう。

「まず『國民の創生』、これは黒人同化政策に反対してクー・クラックス・クランの騎兵隊が駆け抜ける映画。次いで、最初のトーキー映画『ジャズ・シンガー』（一九二七年）。主役の黒人シンガーを演じているのは白人俳優（アル・ジョルソン）であり、その黒塗りの顔は『ニグロの仮面』を黒人に対する排除のメカニズムとして、同時にまたアメリカ文化認知の手順として確立させるに至った。そして『風と共に去りぬ』（一九三九年）。ハリウッド的スタジオ作品の原型、テクニカラー版大スペクタクルの勝利をしるしづける象徴というべきこの作品は、南部イデオロギーに貫かれた小説の映画化である。……黒人男優・女優たちはそこで『焦がしたコルク栓』の人種差別的原型に即したニグロ役を演じさせられている」。（野崎歓訳『映画と国民国家』岩波書店、二〇〇二年、一一五頁）

一九六三年には、ラルフ・ネルソン監督『野のユリ』で、シドニー・ポワチエが黒人として初のアカデミー主演男優賞を受賞した。しかし、彼の演じる黒人も白人にとって理想的な黒人であり、「ショーウィンドウの中の黒人」と揶揄された。『大統領の執事の涙』でも、主人公夫婦とその反抗的な息子との間では、ポワチエの評価が大きく異なっていた。

さらに、一九七一年公開の『黒いジャガー』（ゴードン・パークス監督）を皮切りに、黒人の観客をターゲットに、黒人を主役にした扇情的な「ブラックスプロイテーション」映画（黒人と搾取の造語）が、七〇年代前半に多数製作された。その背後には、六〇年代の黒人の公民権運動があった。

その後も、モーガン・フリーマン（二〇〇四年、助演男優賞受賞）やデンゼル・ワシントン（一九八九年、助演男優賞、二〇〇一年、主演男優賞をそれぞれ受賞）ら著名な黒人俳優が活躍する映画や、人種差別を扱った映画は、いくつも作られてきた。

だが、黒人奴隷制というアメリカの恥部を正面から描いた作品は、この『それでも夜は明ける』やクエンティン・タランティーノ監督『ジャンゴ　繋がれざる者』（二〇一二年）までは、きわめて乏しかった（ちなみに、『ジャンゴ』にも「ブラックスプロイテーション」のテイストが濃厚である）。数少ない例外に、リチャード・フライシャー監督のカルト的作品『マンティンゴ』（一九七五年）がある。マンティンゴとは、体格に優れた「理想的な」黒人奴隷の血統を意味する。

むしろ、黒人奴隷制や原爆投下の問題を忘れるためのように、ハリウッドはナチス・ドイツによるホロコーストを執拗に描き続けてきたともいえよう。

しかも、『それでも夜は明ける』のマックイーン監督は、黒人で初のアカデミー監督賞受賞となったから、なおさらに印象的である。当然、黒人初の大統領の登場をはじめとする、アメリカ社会の多様化が背景になっていよう。

『ダラス・バイヤーズクラブ』については、エイズの章ですでに紹介した。役作りのために、大胆な減量を成し遂げたマシュー・マコノヒーには、まさに脱帽である。二〇一二年だけでも『ペーパーボーイ』、『MUD』、『マジック・マイク』と、この人の出演作品は話題作ばかりで、目が離せなかった。本作でアカデミー主演男優賞を受賞したのも、納得できる。

その他のノミネート作品と俳優たち

アイルランドの関係ですでに言及したが、『あなたを抱きしめる日まで』は、テイストこそまったく異なるものの、同様のテーマを扱っている。主人公のフィロミーナはアイルランド出身の女性で、五〇年前に未婚の母となった。カトリックのアイルランドでは当時、未婚の母は罪であり、家族の恥とみなされた。そこで彼女は厳格な修道院に預けられ、幼子は裕福なアメリカ人に引き取られた。老いたフィロミーナは失った息子を探そうと、ジャーナリストの助けを借りてアメリカに渡る。息子は弁護士として成功していたが、同性愛者であり、一九九五年にエイズで亡くなっていた。しかも、件の修道院は多くの子供を一人一〇〇〇ポンドで売りに出していたのである。それでもフィロミーナは赦しを与える。これも実話に基づく。

もはやエイズは不治の病ではなく、同性愛者への露骨な偏見もかなりの程度は払拭されてきた。だからこそ、一九八〇年代のエイズ禍の被害者たちを冷静に描けるようになってきたのであろう。

さて、主役の力演といえば、『アメリカン・ハッスル』のクリスチャン・ベールもそうである。クリストファー・ノーラン監督の新『バットマン』シリーズで主人公を演じた彼が、デヴィッド・O・ラッセル監督『ザ・ファイター』（二〇一〇年）では、薬物中毒のボクサーを演じて大減量、歯並びまで変えた。まるで、アメリカの三國連太郎である。そして、今回は天才詐欺師を演じて、ブヨブヨに太っての登場である。この作品はアカデミー賞に最多の一〇部門でノミネートされながら、一つも賞を受けられなかった。だが、主役の力演だけでも十分に評価に値しよう。ちなみに、これも実話に基づくという。

スコセッシとレオナルド・ディカプリオが再びコンビを組んだ『ウルフ・オブ・ウォールストリート』も、実話に基づくという。どうやら、「事実は小説より奇なり」という世界に、われわれは生きているらしい。ディカプリオは力演なのだが、いかにも力演という感じで空回り気味である。ストーリーも偽悪趣味がすぎるし、三時間では食傷気味になる。ちなみに、この作品にもマコノヒーが出演しており、わずかの登場ながらかなり印象深い。

『ゼロ・グラビティ』は、今後のSF映画の方向性に大きな影響を与えよう。もちろん、これは実話ではない。出演者はサンドラ・ブロックとジョージ・クルーニーのほぼ二人だけで、限られた時間の中で物語がスリリングに展開していく。ロシアの軍事人工衛星が自動爆発して、その破片が宇宙に大混乱をもたらすという想定である。しかし、実際に軍事人工衛星の破壊実験で宇宙にゴミ芥を散布しているのは、中国である。ところが、この映画では、主人公は最後に中国の宇宙ステーションから中国製人工衛星に乗って、なんとか地球に帰着する。潜在的に敵対的だが巨大な市場を擁する中国をどのように描くのか、ハリウッドはまだまだ思い悩んでいた頃である。

今後は、中国の市場に迎合する作品と、反中世論に迎合する作品、そして中国不在の作品に分かれよう。あるいは、中国政府による検閲を堂々と受け入れ、中国と中国以外の市場の双方で稼ぐことを選択するのかもしれない。ちなみに、ダニエル・クレイグは一五年にわたってジェームス・ボンドを五度演じたが、これらの007映画には中国はほとんど登場しない。中国を刺激しない商法である。

『ネブラスカ　ふたつの心をつなぐ旅』は、認知症の父親と息子とのロードムービーである。白黒映像にアメリカ中西部の風景とコミュニティーが淡々と描かれている。落ち着いた味わい深い作品で、ニューヨークやワシントン、ロサンジェルスだけではない、アメリカの懐の深さを示している。

『キャプテン・フィリップス』は、ソマリア海賊による商船乗っ取り事件の実話に基づく。責任感の強い商船の船長を演じたトム・ハンクスは、イーストウッド監督『ハドソン川の奇跡』（二〇一六年）でも実話に基づく機長を力演した。小さなボートが巨大なタンカーを襲う様子には、驚いた。

アカデミー賞の歴史をふり返ってみると、一九二七年の第一回作品賞受賞の『つばさ』以来、『それでも夜は明ける』まで、今からすると意外な受賞作やノミネート作もあり、また、未見の作品も少なくない。改めて、アメリカ映画史を考察するよい機会を得た。

「黒人ばかりのアカデミー賞」？

二〇一六年の第八七回アカデミー賞では、エイヴァ・デュヴァーネイ監督の力作『グローリー／明日への行進』がほとんどノミネートされなかったことから、黒人差別と批判された。原題はセルマで、アラバマ州のセルマから始まった、キング牧師による公民権運動のデモ行進がテーマである。

二〇一六年には、ネイト・パーカー監督『バース・オブ・ネイション』が公開された。『國民の創生』と同じタイトルだが、こちらは一八三一年のナット・ターナーによる黒人奴隷の蜂起を描いている。この蜂起では白人五七人が殺された。パーカーが監督、脚本、主演を兼ね、投資家から八五〇万ドルを募って製作した。アカデミー賞には縁がなかったが、サンダンス映画祭では観客賞や審査員大賞を受賞した。

二〇一七年には、ジョーダン・ピール監督『ゲットアウト』が登場した。黒人の青年が白人のガールフレンドの実家を訪問するが、医師である両親は黒人の訪問客に次々と催眠療法と脳手術を施し、奴隷化していた。しかも、恋人はそのために黒人のボーイフレンドを何人も連れ込んでいたのである。低予算で空前のヒットとなった。脳を乗っ取られ奴隷化された黒人たちは、かすかに自意識を残しており、主人公に「ゲットアウト！」（ここから逃げろ！）と警告するのである。あるいは、それは自分の脳から出て行けという叫びでもある。

同年の第八九回アカデミー賞では、バリー・ジェンキンス監督『ムーンライト』が作品賞や助演男優賞を獲得した。一人の黒人の少年期、思春期、成人期を辿り、貧困や母子家庭、薬物依存症、同性愛、友情を淡々と描いている。

そして、二〇一八年は黒人をテーマにした映画の豊年となった。そのため、「白人ばかりのアカデミー賞」から一転して「黒人ばかりのアカデミー賞」との声も上がった。

ライアン・クーグラー監督『ブラックパンサー』はアメコミの実写化で、監督をはじめスタッフも主役をはじめキャストも、大半が黒人であった。しかも、興行的に大ヒットした。主演のチャドウィック・ボーズマンは今後の活躍を期待されたが、二〇二〇年に四三歳の若さで大腸癌のために亡くなってしまった。

スパイク・リー監督『ブラック・クランズマン』は、一九七〇年代のコロラドを舞台に、黒人と白人の警官が協力してKKKとブラック・パンサー党に潜入捜査を行う物語である。実話に基づくという。クランズマンとはKKKのメンバーを意味する。主役はデンゼル・ワシントンの長男ジョン・デヴィッド・ワシントンである。

ピーター・ファレリー監督『グリーンブック』は、アカデミー作品賞、主演男優賞、助演男優賞など五部門を制した。一九六〇年代に黒人ミュージシャンが白人の運転手兼用心棒を雇って全国ツアーをする物語で、様々な差別に遭遇しながら、二人は友情を深めていく。「グリーンブック」とは、二〇世紀半ばに、黒人旅行者が差別やトラブルを避けるために活用していたガイドブックのことである。

実話に基づくが、黒人と白人の対立と和解というバディー（仲間の意味）ものの定石通りでもあり、本作に作品賞が決まると、リー監督は会場を途中退席して抗議した。たしかに、前年の『ムーンライト』のような陰影と深みにはおよそ欠ける受賞作ではあった。何しろ、バディーものなら、現実の政治でオバマとバイデンがはるかに巧みに演じていたのだから。二人の関係を「ブロマンス」（ブラザーとロマンスの合成語。ホモソーシャルな関係）と呼ぶ者さえいる。

第10章　警世と夢想のSF映画

1　ゴジラ再来

ゴジラ　1954　二〇一四年七月二五日に、ハリウッド版『ゴジラ』が日本に上陸した。ギャレス・エドワーズ監督『GODZILLA　ゴジラ』である。そして、同年は本多猪四郎監督『ゴジラ』（東宝、一九五四年）の公開から六〇年目に当たった。つまり、ゴジラは還暦を迎えたのである。爾来、ゴジラとは何者かは、様々に論じられてきた。近年でも、小野俊太郎『ゴジラの精神史』（彩流社、二〇一四年）、同『新ゴジラ論』（彩流社、二〇一七年）などの好著が出版されている。

周知のように、初代『ゴジラ』が公開された一九五四年には、第五福竜丸事件が発生している。静岡県焼津から出航したマグロ漁船が、マーシャル諸島近海のビキニ環礁で米軍の水爆実験に遭遇して被爆した事件で、後に無線長の久保山愛吉が死亡した。「放射能マグロ」などの風評被害をも生み、日本を巻き込んだ「第三の原子力災害」と呼ばれた。反米・反核運動の契機になったことでも知られる。一九五九年には新藤兼人監督が『第五福竜丸』を手がけ、宇野重吉が久保山を演じている。新藤は広島出身で、核問題に強い関心を有していた。

ゴジラも、米軍の核実験で住処を失った太古の両棲類とされている。一九五四年と言えば、敗戦からまだ九年しか経っていない。作中でも、長崎で被爆を免れた話や、ゴジラ襲来に逃げ場を失って「お父様のところに行きましょう」と祈念する母子が描かれている。父親は戦死したのであろう。当然、観客にとっての戦争の記憶は、まだまだ生々しい。しかも、一九五四年はマシュー・ペリー提督の二度目の来日により日米和親条約が締結されて一〇〇年目にも当たる。黒船もゴジラも東京湾（江戸湾）に出現した。とすれば、ゴジラは黒船や戦略爆撃機B29、さらに原爆に代表されるアメリカからの脅威を象徴しているという見方が、容易に可能となる。一九五一年にはすでに日米安全保障条約が締結されているが、ゴジラの日本襲撃にも在日米軍は出動しない。ゴジラ自身がアメリカを象徴しているとすれば、在日米軍がゴジラに立ち向かわないのも当然である。

さらに一九五四年には、自衛隊も発足している。同年には、黒澤明監督の名作『七人の侍』がやはり東宝から公開されており、志村喬ら出演者も『ゴジラ』と重複する。そこで、二つの映画に共通するのは、自衛の必要性喚起だという解釈すらある。

他方で、ゴジラをあの大戦で太平洋に散っていった日本の英霊たちの集合体とする見方もある（川本三郎『今ひとたびの戦後日本映画』岩波書店、一九九四年）。戦後の祖国の腐敗堕落に懲罰を加えるべく、英霊たちが登場したというわけである。たしかに、ゴジラが最初に出現したのは北緯二四度、東経一四一度で、硫黄島のすぐ近くなのである。しかも、ゴジラは東京に上陸したのちも品川を破壊し、銀座を焼き尽くし、国会議事堂までも倒壊させるが、ついに皇居に向かうことはなかった。

東京を破壊する原始（原子）の怪物ゴジラ――それはニューヨークを襲いエンパイア・ステート・ビルに登るキング・コングを連想させよう。第一作はメリアン・C・クーパー、アーネスト・B・シェードザック監督による一九三三年の『キング・コング』である。日本でも亜流作品が作られている。『ゴジラ』が『キング・コング』に影響されていることは、想像に難くない。その『ゴジラ』がアメリカでカルト的な人気を博し、ハリウッドでリメイクされるのだから、怪獣たちが日米の大衆文化をつないできたことになろう。ちなみに、アメリカのモンスター映画の系譜については、デイヴィッド・J・スカル、栩木玲子訳『モンスター・ショー――怪奇映画の文化史』（国書刊行会、一九九八年）や西川智則『恐怖の君臨――疫病・テロ・畸形のアメリカ映画』（森話社、二〇一三年）などに詳しい。

一九五四年の初代『ゴジラ』から二〇一四年のハリウッド版リメイクまで、実に三〇本のゴジラ映画が製作されてきた。大きく「昭和」「平成」「ミレニアム」に大別できるという。この間、ゴジラはモスラやキングギドラ、そして、キング・コングなど他の怪獣と戦い、自衛隊と戦う。初代『ゴジラ』の隠されたメッセージが自衛の訴えだったかどうかは別にして、映画の中で、自衛隊にとっての最大の敵が長らくゴジラという空想上の怪物だったことは、戦後日本にとっての安全保障上の脅威（または、その認識）の欠如を、何よりも雄弁に語っていよう（今ではそうとも言えないが）。

また一九九八年には、ローランド・エメリッヒ監督による、もう一つのハリウッド版『GODZILLA』も公開されている。この作品では、フランスの核実験でゴジラが覚醒したことになっているから、体のいい責任転嫁である。『ゴジラ』シリーズは、安全保障について多くを示唆しているのである。

ゴジラ　2014

さて、二〇一四年のハリウッド版『GODZILLA』である。

物語は一九九九年のフィリピンから始まる。そこで巨大な古代生物の遺骨や卵の跡が発見された。ほどなく、日本の原子力発電所で地震と事故が発生し、一帯は立ち入り禁止地区になってしまう、やがて二〇一四年になる。日本の事故現場には、フィリピンから辿り着いた古代生物ムートーの卵が寄生していたのである。ムートーは原子力を栄養源にする巨大で攻撃的な生物である。ついにムートーは孵化し、太平洋に飛び立った。次の舞台はハワイで、ここでムートーが暴れるが、そこにゴジラも登場する。ムートーとゴジラは天敵である。実は、フィリピンで発見されたムートーの卵の一つは、アメリカ本土ネバダの施設に廃棄されていた。こちらも孵化する。二頭のムートーは雄と雌で、サンフランシスコで合流し、交尾の末に産卵しようとする。そこにゴジラが再び出現し、二頭のムートーとの死闘を繰り返すのである。

日本の原子力発電所の事故は二〇一一年三月一一日の東日本大震災と福島での原発事故を、そして、サンフランシスコでの高層ビル群の破壊は二〇〇一年九月一一日の同時多発テロを、当然連想させる。

二一世紀の歴史をトラックバックしている感がある。

「人間が傲慢なのは、自然は人間の支配下にあり、その逆ではないと考えているのだ」と、登場人物の一人、芹沢猪四郎博士（渡辺謙）は言う。芹沢博士は初代『ゴジラ』にも登場する人物で、平田昭彦が演じていた。博士はゴジラを退治するオキシジェン・デストロイヤーの発明者である。今回は猪四郎という名も与えられているが、これは初代『ゴジラ』の監督に因んでいる。

先の芹沢の発言からも、二〇一四年版の『ＧＯＤＺＩＬＬＡ』が自然の脅威と恐怖をテーマにしていることは明らかである。そもそも、ゴジラには「ＧＯＤ」、神性が宿っているのである。

だが、それだけであろうか。ムートーはフィリピンから日本、ハワイ、そして、サンフランシスコを襲う。それは東（オリエント）、アジアから迫る脅威であり、黄禍論の焼き直しにも思える。ムートーは大量産卵しようとするが、それは増殖・膨張するアジアの経済力への脅威ではなかろうか。実際、ムートーとゴジラとの主戦場の一つは、サンフランシスコのチャイナタウンなのである。また、三・一一や九・一一を連想させるムートーの破壊行為は、自然災害や原発事故、国際テロを含んだ、二一世紀の新型の脅威の複合体なのかもしれない。

では、ゴジラは何者なのか。渡辺演じる芹沢博士によると、六〇年前にアメリカの原子力潜水艦ノーチラス号がゴジラを発見し、ビキニ環礁での水爆実験も実は、ゴジラを退治するためだったのだという。以後、ゴジラの行方を追うために、国際組織「モナーク」（君主や王朝の意味）が結成された。博士もその一員なのである。とすれば、ゴジラは国際協調、しかも、アメリカ主導の国際協調（あるいは、アメリカの覇権）の影法師とも読み取れよう。

実際、ムートーやゴジラの出現に、日米両国は緊密に協力している。ただし、そこでの日本の従属性は自明である。ハワイでムートーとゴジラが登場した折に、主人公たるアメリカ人将校（アーロン・テイラー＝ジョンソン）が両親にはぐれた日本人の少年を保護するのは、日米の関係性の投影であろう。

実は、安倍晋三首相も二〇一四年に還暦を迎えた。つまり、ゴジラとは同い年なのである。安倍首相は、集団的自衛権の限定的行使を認める平和・安保法制を成立させた。これで日米同盟が強化されるなら、首相がかつて提起した「戦後レジームからの脱却」というよりも、その固定化に繋がるのかもしれない。安倍首相もゴジラも、日米関係のねじれや歪みに対峙しながら、六〇年以上の歳月を生きてきたことになる。

さらに二〇一五年は、第二次世界大戦終結の七〇周年であり、アメリカにとっては南北戦争終結の一五〇周年でもあった。黒人大統領の下で歴史の和解が語られ、オバマ大統領は翌一六年には広島訪問も果たした。しかし、その後の歴史は様々な揺り返しを経験している。

そして、日本にとっては、二〇一五年は阪神・淡路大震災の二〇周年にも当たった。一九五九年の伊勢湾台風から九五年の阪神・淡路大震災まで、日本は一〇〇〇人以上の死者を出すような大規模災害を経験しなかった。だからこそ、高度経済成長も可能であった。だが、その後は三・一一をはじめ中越大震災など、多くの自然災害が日本を襲っている。アジア全域でも、スマトラやハイチなど大規模災害が続いている。しかも、三〇年以内に南海トラフ地震が日本を襲う確率は七割だという。つまり、ほぼ確実に起こるのである。これは小松左京が一九七三年に描いた『日本沈没』になりかねない。かつて、古老たちはゴジラ伝説に畏敬の念を抱いていた。そうした民間の伝承は東北をはじめとする多くの被災地にも残っていた。われわれが歴史とどう向き合い、また、避けがたい自然災害にどう備えるのか――『ゴジラ』はこうした日本の今後の課題への問いかけでもあるように、思えてならない。

『シン・ゴジラ』登場

その後、二〇一六年に庵野秀明《あんのひであき》監督（特技監督は樋口真嗣）『シン・ゴジラ』が登場して、大きな話題を呼んだ。「シン」は真とも新とも進とも深とも解釈できる。この作品では、ゴジラが進化する点と日本の官僚政治の惰性や陥穽が細かく描写されている点に特徴があった。東日本大震災を経験した日本人にとっては、ゴジラは自然災害とも原子力発電所事故とも感じられ、観客の多くは作中の政府の無策に改めて憤りを覚えたはずである。

ところが、この作品も、日米関係になるといきなり安っぽくなる。アメリカ政府から日系女性の大統領特使が派遣されるだけで、アメリカの身勝手な指図に唯々諾々と従うだけの日本政府という、単調で非現実的な設定と描写に陥るのである。日米関係で日本は何を失い、その代わりに何を得ているのか、アメリカは何に不満を抱いているのか。こうした問いかけなにしには、やはり一九五四年の『ゴジラ』を超えることはできまい。

『シン・ゴジラ』ではゴジラがどんどん進化して強大になっていくのだが、これは北朝鮮初の特撮映画、チョン・ゴンジュ監督『プルガサリ』（一九八五年）にすでに見られる設定である。シネフィルだった金正日の肝いりで製作された映画である。彼は二万本に上るフィルム・ライブラリーを保有していたという。しばしば、独裁者は映画を好む。この作品では、高麗の末期に圧制に苦しむ村人たちを救うため伝説の怪獣プルガサリ（漢字では不可殺而）が登場し、鉄を糧にして敵の攻撃を跳ね返しながら、どんどん強靱化していく。監督の本名は韓国から拉致された申相玉《シンサンオク》監督で、特撮にはゴジラ・シリーズを手がけた東宝特撮チームが招かれた。プルガサリを演じたのはゴジラのスーツアクター、薩摩剣八郎である（もちろん、日本スタッフはクレジットされていない）。薩摩は『ゴジラが見た北朝鮮』（ネスコ／文藝春秋、一九九四年）という興味深い書物を著している。北朝鮮の人々がプルガサリに打倒してもらいたいのは、実は金王朝であろう。

二〇一九年には、マイケル・ドハティ監督『ゴジラ　キング・オブ・モンスターズ』も公開された。二〇一四年版の続編である。ついに渡辺演じる芹沢博士が亡くなる。本作では、懐かしいキングギドラやモスラも登場する。本多監督（特撮はもちろん円谷英二）『三大怪獣　地球最大の決戦』（一九六四年）のオマージュになっている。

さらに、二〇二一年にはアダム・ウィンガード監督『ゴジラ vs.コング』が公開された。メカゴジラも登場する。これを操るのが、芹沢博士の遺児（小栗旬）という設定だが、父ほどの存在感は示せなかった。ゴジラとコング、メカゴジラの決戦場は香港で、怪獣たちに破壊される建物は、かの地の民主主義のようにも思われる。

2 『フランケンシュタイン』と『白鯨』

『フランケンシュタイン』の醍醐味

柄にもなく母校の学長を務めた際（二〇一三～一六年）、学生に読書の愉しみと苦しみを知ってもらおうと、学内の協力を仰いで「同志社百冊」なるものを編んだ（今ではすっかり閑却されているが）。恥ずかしながら、その百冊の中には筆者も未読のものが多数あった。

その中の一つが、メアリー・ウォルストンクラフト・シェリーの小説『フランケンシュタイン』（初版は一八一八年）であった。もちろん、フランケンシュタインという怪物を知らないわけがない。おそらく、筆者とフランケンシュタインとの最初の出会いは、テレビアニメ『怪物くん』に出てくるフランケンというキャラクターであろう。主人公・怪物くんの家来で、他にはドラキュラと狼男がいた。いずれも映画、とりわけ一九三〇年代のユニバーサル映画が得意としたキャラクターである。実は、これらの怪物はもともとヨーロッパ出身である。第一次世界大戦に出征したアメリカの若者が死や重傷を身近に経験したことから、戦間期にはヨーロッパと恐怖のイメージが結実しやすかったのである。当時は他にも、ワーナー・ブラザーズはギャングもの、MGMはミュージカル、コロンビアはスクリューボール（都会的でテンポの早いコメディ）と、ハリウッドの大手映画会社は得意のジャンルをもっていた。ある種の分業体制である。

大半の読者諸氏と同様に、筆者のフランケンシュタイン・イメージも、当然、映画に多くを負っている。なかでも、テレンス・フィッシャー監督『フランケンシュタインの逆襲』（一九五七年、イギリス）の印象は鮮明であった。主人公はサディスティックな天才科学者ヴィクター・フランケンシュタイン男爵で、ピーター・カッシングが演じていた。そして、彼が創造した怪物役はクリストファー・リーである。翌年、同じハマー・フィルムから、同じフィッシャー監督による『吸血鬼ドラキュラ』が公開されたが、そこで二人の俳優は吸血鬼ハンターのヴァン・ヘルシング博士とドラキュラを演じている。この二人は「ホラー映画のゴールデン・コンビ」と呼ばれる。ちなみに、ジョージ・ルーカス監督『スター・ウォーズ』（一九七七年）では、カッシングは帝国軍の総督の役を演じ、強力なダース・ベイダー卿を従えている。当然、ルーカス監督は、フランケンシュタイン男爵と彼の怪物の組み合わせを意識していよう。『スターウォーズ　エピソード2／クローンの攻撃』（二〇〇二年）には、リーも暗黒卿ドゥークー伯爵として登場する。この時、すでに八〇歳であった（二〇一五年に九三歳で死去）。

しかし、われわれのフランケンシュタイン・イメージの原型は、ジェームズ・ホエール監督『フランケンシュタイン』（一九三一年、もちろんユニバーサル映画製作）に登場した、ボリス・カーロフ演じる面妖な怪物であろう。村人たちに追い詰められた怪物は、風車小屋で炎に包まれて命を落とす。忘れられないシーンである。十文字の風車が燃える様子は、当時ドイツで台頭していたナチスのハーケンクロイツを揶揄したものだとの説もある。

しかも、いつの間にか、フランケンシュタインは、怪物を創造した科学者の名前から怪物自身の名前になって記憶されるようになった。フランケンシュタインという怪物のイメージは、最近ではたとえば、ティム・バートン監督のアニメ映画『フランケンウィニー』（二〇一二年）まで、変形しながらも継承されている。メル・ブルックス監督の『ヤング・フランケンシュタイン』（一九七四年）は、フランケンシュタイン男爵の末裔（ジーン・ワイルダー）が再び怪物を作ってしまうコメディだが、一九三一年当時のユニバーサルのスタジオを使用し、白黒で旧作のパロディに徹している。主人公はマッド・サイエンティストの子孫であることを嫌って、自らを「フロンコンスティン」と名乗っている。しかも、先祖の城はトランシルバニアに位置している。もちろん、ドラキュラの故郷である。

ところが、原作の小説を読んでみると、映画で構築されてきたフランケンシュタイン・イメージとは大きく異なっていた。原作には、「あるいは現代のプロメテウス」という副題が添えられている。プロメテウスは人類に火（知恵）を与え、ゼウスに罰せられるギリシア神話の神の名である。若き天才科学者フランケンシュタインも、生命の創造という知恵を得たことで罰を受けるのである。そして、彼によって創造された怪物は、人間の言葉を学ぶことによって、醜い自己が人間社会に疎外されている悲劇を痛感する。原作は、怪物を通じて差別や偏見の問題をも、読者に突きつけているのである。実に、怪物が言葉を学ぶ過程で読んだ本の一つは、ミルトンの『失楽園』であった。皮肉を言えば、今日の日本人で、渡辺淳一ではなくミルトンの『失楽園』を読んだ者はほとんどなかろうから、怪物は平均的な日本人より、よほど知的だといえなくもない（東西の文化的背景を勘案して、『失楽園』を『源氏物語』に置き替えてもよい)。

原作では、燃え盛る風車小屋でフランケンシュタインと怪物が争う描写はない。印象的だが、これは映画による脚色である。原作をかなり忠実に映画化した作品としては、ケネス・ブラナー監督『フランケンシュタイン』(一九九四年)がある。ここではイギリスを代表するシェークスピア俳優ブラナーがフランケンシュタインを演じ、ロバート・デ・ニーロが怪物を演じている。

また、原作『フランケンシュタイン』はホラー小説であるとともに、ゴシック小説でありロマン小説でもある。そして、SF小説の嚆矢でもある。その後の小説や映画に数多く登場する人造人間やロボットたちは、みなフランケンシュタインの末裔なのである。

弱冠二〇歳の女性シェリーが『フランケンシュタイン』を生み出したのは、一八一八年であった。フランス革命やナポレオン戦争による混乱がヨーロッパを席巻していた時代である。それから一〇〇年後の一九一八年には、第一次世界大戦が終結した。ヨーロッパ中心の時代は完全に終わり、ヨーロッパ全土を怪物のように無残な亡骸が覆った。それからさらに一〇〇年以上を経て、日本の一八歳人口は急速に減少している。労働力の激減を補うために、われわれはフランケンシュタインの末裔たるロボットと共存しなければならなくなる。このように、『フランケンシュタイン』の射程はきわめて長い。

すでに、『フランケンシュタイン』については、多くの書物が著されている。とりわけ、廣野由美子『批評理論入門――「フランケンシュタイン」解剖講義』(中公新書、二〇〇五年)と小野俊太郎『フランケンシュタイン・コンプレックス——人間は、いつ怪物になるのか』（青草書房、二〇〇九年）が入手しやすく、示唆に富んでいる。

『白鯨』の魅力

同様に、間違いなく原作よりも先に映画に接した作品がある。ハーマン・メルヴィルの『白鯨《はくげい》』（一八五一年）である。『フランケンシュタイン』よりも三〇年ほど遅れて、アメリカで公表された。

筆者にとっては、子供の頃にテレビの映画劇場で観たジョン・ヒューストン監督『白鯨』（一九五六年）が、まずもって鮮烈であった。グレゴリー・ペック演じるエイハブ船長が白鯨に食いちぎられた片足を引きずりながら、宿敵への復讐に燃える姿は、まさに鬼気迫るものがあった。白鯨の名前はモビィ・ディックで、これが小説と映画の原題でもある。エイハブ船長はモビィ・ディックにモリを打ち込むものの、綱に絡まって白鯨の巨体に張り付いたまま海中に消えていく。

『白鯨』の映画化はこのヒューストン監督作品が三度目で、しかも興業的には失敗であった由である。しかし、たとえば、本作はスティーヴン・スピルバーグ監督の『ジョーズ』に強い影響を与えたという。ルーカスもスピルバーグも、一九五〇年代の映画を「本歌どり」しているのである。

さて、のちに原作を読み込んでみると、エイハブは綱に絡まって海中に沈むものの、白鯨に張り付いてしまったわけではないことを知った。映画のラストシーンが印象的だっただけに、これは少なからず驚きであった。また、白鯨とエイハブ船長が死闘を繰り返す場が日本近海であり、ペリー提督の黒船来航と歴史的背景を共有することや、主要登場人物の一人で冷静な（打算的な）スターバック一等航海士の名前が、世界的なコーヒーチェーン店名の由来であることなども、改めて知ったのである。先に『白鯨』と『ジョーズ』の関係に触れたが、前述した本多猪四郎監督『ゴジラ』の怪獣の名前も、「ゴリラ」と「クジラ」の合成語だという。とすれば、ゴジラもモビィ・ディックの末裔となろう。本家本元のアメリカはもはや捕鯨をしなくなった一方で、日本は二〇一九年七月に国際捕鯨委員会（IWC）から脱退して、国際的な注目（というより非難）を浴びた。

同じ一九五四年には、『ゴジラ』のみならず、黒澤明監督の『七人の侍』や木下惠介監督の『二十四の瞳』なども公開されており、巨匠たちによる日本映画の豊作の年であった。『ゴジラ』と『七人の侍』は自衛の必要性を、『二十四の瞳』は戦争の愚と平和の尊さを説いているようにも解釈できる。そういえば、『二十四の瞳』は壺井栄の原作を先に読んだ気がする。

川端康成原作の『伊豆の踊子』も、映画より原作が先だった（そもそも、中学校の国語教科書で部分的に読んでいる）。もちろんその後に、田中絹代主演（一九三三年）、美空ひばり主演（一九五四年）、鰐淵晴子《わにぶちはるこ》主演（一九六〇年）、吉永小百合主演（一九六三年）、内藤洋子主演（一九六七年）、山口百恵主演（一九七四年）の諸作品を楽しんでいる。まさに、先述のリメイクの楽しみである。

やはり、日本文学だと原作のほうが先になりやすいのかもしれない。ちなみに、小豆島には映画『二十四の瞳』のロケ地が保存されている。映画が先か原作が先か、それともロケ地が先か——ますます悩ましい問いである。

原作者たちの物語

その後、『白鯨』についても『フランケンシュタイン』にしても、原作者に注目する映画が登場した。

ロン・ハワード監督『白鯨との闘い』（二〇一五年）では、若い作家ハーマン・メルヴィルがある捕鯨船の船乗りに三〇年以上昔の体験談を聞き出す。白鯨を追った航海で船は難破し、生存者は人肉食まで経験して九〇日もの漂流に耐えたのだという。この取材をもとに、メルヴィルは名作『白鯨』を書き上げる。武田泰淳の『ひかりごけ』を想起させる。

ハイファ・アル＝マンスール監督『メアリーの総て』（二〇一七年）は、一八歳で『フランケンシュタイン』を脱稿したメアリー・シェリーが、詩人の夫パーシー・シェリーの浮気に苦しみ、貧困に喘ぐ姿を描いている。シェリー夫人はホエール監督『フランケンシュタインの花嫁』（一九三五年）以来、何度か映画に登場するが、彼女を主役にすえた作品は初めてである。

なお、ビル・コンドン監督『ゴッド・アンド・モンスター』（一九九八年）は、ホエール監督の晩年を描いている。老境のホエールは、逞しい庭師にほのかな恋慕を抱く。もちろん、ホエールはゲイで、同じくゲイだったジョージ・キューカー監督（『マイ・フェア・レディ』で有名）をからかうなど、往年のハリウッドの楽屋オチも楽しめる。

3　映画の中の近未来

『バック・トゥ・ザ・フューチャー　PARTⅡ』

二〇一五年は第二次世界大戦終結の七〇周年に当たった。しかし、映画ファンとしては、まずもってロバート・ゼメキス監督の『バック・トゥ・ザ・フューチャー　PARTⅡ』（一九八九年）を想起せざるをえない。一九八五年の第一作ではない。第二作である。第一作では、一九八五年のアメリカの田舎町から、主人公の高校生（マイケル・J・フォックス）がタイムマシーンで三〇年前の一九五五年に遡る。そして、第二作では、同じく一九八五年のアメリカの田舎町から、主人公は三〇年先に旅する。つまり、二〇一五年である。したがって、この第二作を観れば、一九八〇年代のハリウッドが二〇一五年をどのように想像していたかが、手にとるように分かるのである。

まず、自動車が低空を飛行している。しかも、燃料はガソリンでもガスでもなく、バナナの皮のような生ごみである。自動車が空を飛ぶという想像は、広くなされてきた。リドリー・スコット監督『ブレードランナー』（一九八二年）でも、多くの自動車が勢いよく空を飛んでいる。こちらは二〇一九年という設定であった。空飛ぶ自動車はまだ実用化されていない。これらは、人間の想像力が現実の科学技術の発展に先行した事例である。

他方で、『バック・トゥ・ザ・フューチャー　PARTⅡ』では、全編を通じて登場人物の誰一人として携帯電話を使用していない。この作品に登場する最新の情報通信機器はファックスとテレビ電話である。もちろん、インターネットも描かれていない。つまり、情報通信の分野では、実際の科学技術の発展が人間の想像力をはるかに凌駕したのである。

さて、そのテレビ電話を通じて、中年になった主人公を解雇する会社の社長が登場する。日本人で「イトー・フジツー」という奇妙な名前である。もしハリウッドが今日同じような映画を製作すれば、主人公を解雇する社長は日本人ではなく中国人であろう。ハリウッドは、一九八〇年代の日本経済の勢いが三〇年後にも持続しているという、誤った想定に立っていたのである。

このエピソードが示すように、数十年先を正確に予測することは実に難しい。そこで、映画に描かれた近未来について再考してみたい。

『一九八四』から『インターステラー』まで

映画や小説に描かれる近未来は、おおむね陰鬱なものである。現在に対する風刺や、現状を反省しなければたいへんな結果になるという警告が込められているからであろう。ユートピアならぬディストピアである。

そうした陰鬱な近未来小説の代表は、やはりジョージ・オーウェルの『一九八四』であろう。一九四八年に執筆され、下二桁を逆転させた一九八四年に時代が設定されている。第二次世界大戦後のスターリン体制の現実への痛烈な風刺とされる。この小説は、一九五六年にイギリスで、マイケル・アンダーソン監督によって映画化されている。エドモンド・オブライエンやドナルド・プレザンス、マイケル・レッドグレーヴら重厚な演技派が共演している。周知のように、「ビッグ・ブラザー」による洗脳と支配の物語である。一九八四年の翌年に明るい『バック・トゥ・ザ・フューチャー』が作られているのは、皮肉である。

レイ・ブラッドベリ原作、フランソワ・トリュフォー監督という豪華な『華氏《かし》451』（一九六六年）が描く近未来は、表面的には穏やかな社会である。そこではラジオやテレビは流通しているが、書物の保持が禁止されている。発見されれば、「ファイアマン」によって焼き払われてしまう。本が有害な情報を善良な市民に垂れ流すことを防止するためだという。だが、そのために愚民化が進んでいる。主人公のモンターグ（オスカー・ウェルナー）もファイアマンだが、やがてある女性との出会いから本の魅力を知ることになる。彼が最初に読んだ本は、チャールズ・ディケンズの『デイヴィッド・コパフィールド』であった。ちなみに、タイトルは紙の燃える温度のことである（摂氏だと二三三度）。焼かれる本の中身以外は、ラストの「THE END」まで画面に一切文字が登場しないという徹底ぶりである。現実には、「ファイアマン」ではなくインターネットが、本や新聞を駆逐しつつある。

スタンリー・キューブリック監督の不朽の名作『二〇〇一年宇宙の旅』は、一九六八年に公開されている。原作は、アーサー・C・クラークである。木星に調査飛行中の宇宙船ディスカバリー号で、コンピューターのHAL（周知のように、IBMをアルファベット順に一字ずつずらした記号）が誤作動し始め、これを止めようとする宇宙飛行士たちが次々に殺されていく。意思をもったコンピューターが人間と対峙するという想定は、その後の『ターミネーター』や『マトリックス』にも踏襲されていく。

一九六八年といえば、日本が当時の西ドイツを抜いて世界第二の経済大国になった年である（しかも、明治維新のちょうど一〇〇年目に当たる。司馬遼太郎はこの年に『産經新聞』に『坂の上の雲』の連載を始めた)。

この年には、フランクリン・シャフナー監督『猿の惑星』(アメリカ)も大ヒットしている。ここに登場する猿たちは、アメリカの公民権運動の文脈では黒人を表現しているが、原作者のピエール・ブールは、『戦場にかける橋』の原作者でもある。彼は残酷で狡猾、醜い日本人を猿に喩えたのである。日本経済の躍進への不安が、この作品の成功と関係していよう。そして、同じ年に公開されたキューブリック作品では、最初に有史以前の猿が登場し、シャフナー作品では文明化した未来の猿が登場するのである。

一九七〇年代はベトナム戦争の激化や公害問題などが重なり、暗い時代であった。マイケル・キャンバス監督『赤ちゃんよ永遠に』(一九七二年)はガスマスクが必要なほど環境破壊の進んだ近未来が舞台で、人口抑制のため出産が禁止されている。「赤ん坊がいる！　殺せ！」という台詞が印象的である。リチャード・フライシャー監督『ソイレント・グリーン』(一九七三年)は二〇二二年の時代設定で、やはり人口爆発と環境破壊で食料が不足している。六〇歳になると施設で安楽死させられ、その死体が「ソイレント・グリーン」という名の食料になっているのである。それぞれ、赤ん坊と老人が犠牲者になる社会である。

テリー・ギリアム監督『未来世紀ブラジル』(一九八五年)も、陰鬱なディストピアを描く。そこは「二〇世紀のどこか」の究極の管理社会であり、主人公は情報省の小役人である。まさに一九八四年に作られた『一九八四』なのである。主人公が拷問を受けて、「サンバの王様」ザビア・クガートの

「ブラジル」という曲を口ずさむ。これがタイトルの所以であり、ブラジルが舞台なのではない。観客の想像力を刺激する幻想的な作品である。

ディストピアの枚挙には暇があるまい。たとえば、桂千穂『エンタムービー　本当に驚いたSF映画一九四五→二〇一四』(メディアックス、二〇一四年)を参照されたい。

比較的最近の作品を一つだけ挙げておこう。クリストファー・ノーラン監督『インターステラー』(二〇一四年)である。やはり環境破壊が進み、食料難に陥った近未来という設定である。人類はあと一世代しか生存できない。そこで地球に代わる移住先の惑星を探しに旅に出るという、壮大な物語である。『二〇〇一年宇宙の旅』を髣髴させる。「インターステラー」は惑星間移動の意味だという。もし人類が別の惑星に移住できず、環境破壊の中で地球に住み続ければ、宮崎駿監督『風の谷のナウシカ』(一九八四年!)の世界に近づくのかもしれない。

再び『バック・トゥ・ザ・フューチャー』へ

『バック・トゥ・ザ・フューチャー』の第一作では、主人公は一九八五年から五五年に遡る。五五年に住む科学者が、未来から来た青年に八五年の大統領は誰だと問う。「ロナルド・レーガン」と青年が答えるが、「あの俳優の?」と、まるきり信用されない。五五年当時の大統領は第二次世界大戦の英雄ドワイト・アイゼンハワーだったのだから、無理はない。

ザック・スナイダー監督、アラン・ムーア原作の『ウォッチメン』(二〇〇九年)で、このエピソードはパロディになっている。設定は一九八五年なのだが、リチャード・ニクソンがまだ大統領を務めている。映画のラストで、世界が平和になりニュースがないと出版社の編集長が嘆くと、部下が「一九八八年の大統領選挙にレーガンが立候補しそうだというのはどうです？」と尋ねる。すると編集長が、「ここはアメリカだぞ！　報道を侮辱するな！」と一喝するのである。

同じく、一九八五年に三〇年先の大統領が黒人だと告げても、おそらく多くの人は信じようとはしなかったであろう。既述のように、二〇一五年は第二次大戦終結の七〇周年だったが、アメリカ史にとっては南北戦争終結の一五〇周年でもあった。その時、アメリカを統治していたのは、史上初の黒人大統領バラク・オバマだったのである。そして、南北戦争とオバマ大統領の歴史的メッセージは「和解」である。未来を予測することは困難だが、必ずディストピアが待ち構えているわけではない。

因みに、『バック・トゥ・ザ・フューチャー』に影響を与えたとされるのが、ロバート・ハインラインのSF小説『夏への扉』（一九五六年）で、一九七〇年と二〇〇一年のロサンジェルスを舞台に、未来からのタイムトラベルで過去を変更する物語である。二〇二一年に三木孝浩監督によって映画化され、一九九五年と二〇二五年の日本に設定が変更された。

イデオクラシー！

マイク・ジャッジ監督『26世紀青年』（二〇〇六年）の原題は「イデオクラシー」、つまり衆愚政治である。主人公が軍の冬眠実験から目覚めると、そこは五〇〇年後の世界であった。高学歴富裕層は子作りを控え、低学歴貧困層が多産だったため、二六世紀のアメリカ人の知能指数は著しく低下していた。大統領は元プロレスラー兼AV男優の黒人で、やたらに「クソ！」を連発する。トランプ大統領の偽悪的な政治スタイルは多分にプロレス的であり、作中の大統領はトランプ大統領の登場を予見していたかのようである。残念ながら「大胆な希望」どころではない。

実は、二〇世紀の初頭のイギリスでも、このままでは多産のカトリック系アイルランド人とユダヤ人の人口が増え続けるという優生学的な危惧が広がっていたという。歴史は繰り返すというか、人口動態をめぐる不安は繰り返すのである。

『26世紀青年』をはじめとする様々なディストピア映画については、中原昌也他『映画のディストピア』（洋泉社、二〇一八年）も参考になる。

4　SF映画今昔記

『マッド・マックス』再び

ジョージ・ミラー監督『マッド・マックス　怒りのデス・ロード』（二〇一五年）を観た。一九七九年の第一作以来、八一年の第二作、八五年の第三作に続く、三〇年ぶりの最新作である。いずれもミラーが監督している。三作までの主演はメル・ギブソン、本作の主演はトム・ハーディである。ちなみに、三作目まではオーストラリアで製作されている。第一作は「観客が交通事故に遭ったような衝撃を喰らうバイオレンス映画を撮りたい」という企図から生まれたという。いずれも荒廃した近未来の砂漠を舞台にしている。日本の漫画『北斗の拳』など、世界中の大衆文化に影響を与えてきた。

最新作では、はっきりと核戦争後の世界と設定されており、また、水源支配が人心の支配に繋がっていることから、環境問題が強く意識されている。さらに、ハーディ演じる主人公もさることながら、女たちの存在感が大きく、『マレフィセント』と同様にフェミニスト映画として観ることもできよう。総じて、二一世紀らしい仕立てである。七〇歳にして再びメガホンをとったミラー監督の情熱は、驚くべきものである。

『マッド・マックス』を広義のＳＦと考えれば、一九七〇年代の終わりには、これ以外にも後世に多大な影響を与えたＳＦ映画が数々作られている。たとえば、スティーヴン・スピルバーグ監督『未知との遭遇』とジョージ・ルーカス監督『スター・ウォーズ』はともに一九七七年製作であった。少し後になるが、ジェームズ・キャメロン監督『ターミネーター』は一九八四年であった。こちらも、新作が二〇一五年九月には日本で公開され、さらに一九年に続編が登場した。

実は、一九七〇年代後半から八〇年代にかけてのＳＦ映画の多くは、さらに四半世紀ほど前の一九五〇年代の作品に大きな影響を受けていた。日本では、本多猪四郎監督の『ゴジラ』が誕生した頃である。そこで、この時期のハリウッドのＳＦ映画とその背景を振り返ってみたい。

黄金の五〇年代

この時期の多くのＳＦ映画では、「赤狩り」とその背景をなす冷戦が意識されていた。まず、有名な三作を見てみよう。

Ｈ・Ｇ・ウェルズの原作をバイロン・ハスキンが監督した『宇宙戦争』（一九五三年）は、隕石落下と思われたものが火星人の侵略だったという展開で、赤・青・緑の三色の目をもった宇宙船が見えないバリアで守られながら、緑と赤の光線で攻撃してくる。しかし、火星人たちはやがて地球上のバクテリアによって滅ぼされてしまう。後のティム・バートン監督『マーズ・アタック！』（一九九六年）やローランド・エメリッヒ監督『インデペンデンス・デイ』（同）に直接的な影響を与えているし、二〇〇五年にはスティーヴン・スピルバーグがリメイクしている。

子供の頃にテレビで、フレッド・マクラウド・ウィルコックス監督『禁断の惑星』（一九五六年）を観た時の感動は忘れられない。宇宙移民の時代に、二〇年前に消息を絶った移民団の生き残りを、ある宇宙船が発見する。かつて高度な文明が発展していた惑星に、老博士とその娘だけが生き残っているのだが、宇宙船の隊員たちを謎の怪物が襲う。実は、古代文明による巨大エネルギー生成装置で、人間の無意識が怪物になって現れるのであった。怪物の正体は博士の無意識で、やがて博士は怪物とともに倒れ、宇宙船は娘とともに禁断の惑星を後にする。シェークスピアの『テンペスト』をベースにしており、精神分析を取り込んだ先駆的な作品である。後に『遊星からの物体X』（一九八二年）を手がけたジョン・カーペンター監督は、八歳の時にこの映画を観て映画監督を志したという（桂千穂『エンタ・ムービー』）。また、この映画に登場するロボットのロビーは、『スター・ウォーズ』のR２-D２の原型を提供しており、『刑事コロンボ』にもゲスト出演した。

スタンリー・クレイマー監督『渚にて』（一九五九年）は、第三次世界大戦後の一九六四年を舞台にしており、生き残ったアメリカの原子力潜水艦がオーストラリアからアメリカへと航海する。だが、サンフランシスコもサンディエゴも死滅しており、ただコーラの空き瓶が風に揺られて無電を発信していた。一行はオーストラリアに戻るしかないのだが、南半球にも「死の灰」が迫っている。やがて、わずかな生存者たちは『マッド・マックス』の世界に暮らすことになるのかもしれない。『渚にて』は、はっきり核戦争を背景にしているし、火星人や無意識の怪物も、共産主義の襲来、または、自らの内にある「赤狩り」の恐怖を象徴していよう。

次いで、映画史的には有名だが、一般にそれほど知られていない作品も、三つ紹介しておこう。まず、ロバート・ワイズ監督『地球の静止する日』（一九五一年）では、軍拡競争と戦争を繰り返す人類に対して、宇宙から平和の使者が訪れる。だが、政治指導者たちは耳を貸さない。そこで、宇宙からの使者は地球のすべての電気を止めてしまう。

この作品には、平和主義の科学者も登場するが、彼はアルバート・アインシュタインに酷似している。アインシュタインは哲学者のバートランド・ラッセルらとともに、核兵器の廃絶と科学技術の平和利用を訴えたラッセル・アインシュタイン宣言を一九五五年に発表する。そして、このアインシュタイン似の科学者を演じたサム・ジャッフェは、その後「赤狩り」でハリウッドを追われることになる。実は、このきわめて平和主義の映画は、のちの大統領ロナルド・レーガンのお気に入りの一つであった。二〇〇八年にはリメイクされている。

次に、ユージン・ルーリー監督『原子怪獣現わる』（一九五三年）では、北極でのアメリカの核実験のために、一億年前の恐竜が蘇り、ニューヨークに上陸する。しかも、恐竜は放射能に汚染しているため、放射能アイソトープで仕留めるしかない。この映画は『ゴジラ』のモデルになったことでも知られている。

ドン・シーゲル監督『ボディ・スナッチャー／恐怖の街』（一九五六年）も不気味である。宇宙から飛来した豆のサヤが人間の複製を作り、寝ている間に本人と入れ替わってしまう。こうして、のどかな田舎町が数日にして感情のない宇宙人に乗っ取られていくのである。共産主義の侵食という「冷戦の影響がはっきり見られるが、シーゲルはそれを確信犯的に盲目的な順応性――それをエーリッヒ・フロムは「自由からの逃走」と呼び、産業化社会全般の傾向とする――の問題に置き換える。敵は彼らであると同時に私たち自身でもある」と、評論家のデイヴィッド・スカルは評している（『モンスター・ショー』二九三頁）。つまり、この作品は共産主義だけでなく「赤狩り」の脅威を告発していることになる。実際、脚本のダニエル・メインウェアリングは「赤狩り」でブラックリストに載せられた脚本家に名前を貸す「フロント」も務めていたという。また、プロデューサーは、かつての反ナチスの闘士ウォルター・ウェンジャーであった。タイトルの「ボディ・スナッチャー」とは死体盗人の意味で、この作品も三度にわたってリメイクされている。

『マッド・マックス』が『北斗の拳』に影響を与えたとすれば、こちらは映画化もされた『寄生獣』と関連している。この漫画はハリウッドが実写化を試みたが果たせず、結果としてキャメロン監督『ターミネーター2』（一九九一年）のラストで、ターミネーターの顔面が溶けて内部の機械が剝き出しになるシーンに活かされている。

このように振り返ってみると、ＳＦ映画にとっても、一九五〇年代は黄金時代だったことになろう。

二〇一九年の日本を描いたアニメ映画として、大友克洋監督『ＡＫＩＲＡ』（一九八八年）が有名である。八二年に関東で新型爆弾が爆発し、東京が一度は壊滅しているという設定だが、二〇二〇年のオリンピックに向けてネオ東京は再建されつつある。貧富の格差も拡大している。なんという想像力であろうか。ここまで当たっていると（さすがに、コロナ禍によるオリンピックの一年延期は予想外だが）、二〇一九年の東京を暴走族が駆け巡り、やはり携帯電話が登場せず、公衆電話ボックスが描かれていることなど、目を瞑るべきである。

レプリカントが妊娠！

そして、ドゥニ・ヴィルヌーヴ監督『ブレードランナー２０４９』（二〇一七年）は、約三〇年後の世界を描いている。二〇二二年には西海岸で大停電が起こったため、それ以前のほとんどの電子記録が失われている。今や、地球環境と生態系は乱れに乱れ、ラスベガスなどは巨大ゴーストタウンと化している。しかも、レプリカントが妊娠していたとは！　生命とは何かが根底から問われる。

だが、知性（intelligence）は問題を解決する能力であり、意識（consciousness）は喜怒哀楽などを感じる能力である。人工知能（ＡＩ）は前者を発展させても、後者をもつことはできない。その意味で、ＡＩが人類にとって代わることはないと、イスラエルの哲学者ユヴァル・ノア・ハラリは述べている（ユヴァル・ノア・ハラリ、柴田裕之訳『21 Lessons』河出書房新社、二〇一九年）。こうした問題については、鈴木貴之『100年後の世界――ＳＦ映画から考えるテクノロジーと社会の未来』（ＤＯＪＩＮ選書、二〇一八年）も参考になる。

「人は記憶を通じて過去と、想像力を通じて未来とつながっていられる。だから、人は決して孤独ではない」――『潜水服は蝶の夢を見る』に、こんな台詞が登場する。映画はわれわれの記憶力と想像力を補強し拡張する装置であり、現在にとっても顕微鏡や望遠鏡の役割を果たしてくれる。だから、サイレント映画を観てもSF映画を観ても、こう思う。映画はいつも「眺めのいい部屋」なのだと。

おわりに

ミネルヴァ書房の月刊誌『究』に二〇一三年四月から一五年九月まで二年半にわたり、「眺めのいい部屋」と題して映画と政治や社会の関係について論じたエッセイを掲載してきた。本書はそれをテーマごとに再構成して加筆修正したものである。

雑誌連載から本書の刊行まで、諸般の事情で随分と月日が経ってしまった。この間に政治や社会に様々な変化が生じ、他方で、多くの映画に出会うことができた。また、雑誌連載時には筆者は勤務先で学長職にあったが、その職責を離れて、より自由に社会や大学、自分自身をみつめ直すことができたようにも思う。

筆者が専門とするアメリカ政治外交の分野では、ドナルド・トランプ政権の登場が最も衝撃的な出来事であった。このため、われわれのアメリカ理解は十分なのか、日米関係はどうなるのかと、次々に根本的な問いを突きつけられることになった。また、本書との関係でいえば、映画は今後、トランプ大統領やトランプ的なものをどのように描き、それらが社会にどのように受容されていくであろうか。興味は尽きない。やがて、映画は様々なトランプ像を描くであろう。ここでも、映画が「眺めのいい部屋」として機能してもらいたいと願う。そういえば、ネットフリックス配信のアダム・マッケイ監督『ドント・ルック・アップ』（二〇二一年）では、メリル・ストリープが女性版トランプというべき大統領を怪演して、映画史上最も醜悪な大統領像を更新した。ハリウッドの反撃はすでにはじまっている。

トランプを批判し、アメリカの社会的分断に眉を顰めることは、実に容易である。だが、アメリカでも日本でも、トランプを批判する「リベラル」なインテリたちは、時としてトランプ以上に不寛容で攻撃的である。大学業界や映画業界では、そうした「リベラル」は決して珍しくあるまい。日本政治の文脈では、「トランプ」を「安倍晋三」という記号に置き替えてもよい。また、日本社会でも貧富の格差が広がり、多様化が進んでマイノリティが自己主張を強めている。今日のアメリカの姿は明日の日本の姿かもしれない。トランプ登場の背景を含めて、アメリカ政治外交の動向については、拙著『トランプvsバイデン――「冷たい内戦」と「危機の20年」の狭間』（ＰＨＰ新書、二〇二一年）も参照していただければ幸いである。

さらに、二〇二〇年の初頭から世界はコロナ禍に覆われた。もはや、われわれはコロナ禍以前と同じ世界に暮らすことはない。ウィズ・コロナ、ポスト・コロナの社会がどのように変容していくのかについては、すでに様々な分析や議論がなされている。

この点でも、映画はやはり「眺めのいい部屋」である。たとえば、古くは小松左京原作、深作欣二監督『復活の日』（一九八〇年）は、冷戦を背景に東ドイツの研究施設から猛毒性のウイルスが盗み出されて感染拡大し、人類滅亡の危機に瀕する物語である。英語のタイトルは、ずばり"Virus"であった。また、一九九五年にはウォルフガング・ペーターゼン監督『アウトブレイク』がヒットした。作中で世界的に感染拡大するモターバ・ウイルスは、エボラ出血熱をモデルにしている。新型インフルエンザが流行した二〇一一年には、瀬々敬久監督『感染列島』が公開された。「神に裁かれるのは、人間か？　ウイルスか？」が、キャッチフレーズであった。

さらに、同年にはスティーヴン・ソダーバーグ監督『コンテイジョン』も登場していた。香港発のウイルス感染の拡大に、アメリカの疾病予防管理センター（CDC）や世界保健機関（WHO）の職員たちが必死に立ち向かうが、ウイルスはブタ由来の遺伝子とコウモリ・ウイルスの合成で、対応は至難の業である。そこに、陰謀論まで拡散していく。コロナ禍を知るわれわれには、予言的ですらある。

そもそも、多くの映画に登場するゾンビは感染症の隠喩であったり、その帰結であったりする。中でも、デヴィッド・フレイン監督『CURED キュアード』（二〇一七年）は出色である。謎のウイルスがヨーロッパで流行し、感染者はゾンビ化して極端に暴力的になる。ここまではお馴染みの話である。このウイルスに特効薬が開発され、七五％は回復するのだが、残る二五％には効果がない。そこで、この未回復者たちに社会的な差別と弾圧が加えられる。さらに、回復者は感染中に自らが行った残虐行為を記憶しており、悪夢に苛まれている。しかも、舞台はカトリックとプロテスタントの宗教的対立を長年抱えてきたアイルランドなのである。

人類が様々な感染症と闘い共存してきたからこそ、これだけ豊富な映画が作られてきた。そして、映画は「眺めのいい部屋」として、さらに想像力を稼働させている。また、コロナ禍での「巣ごもり」

やオンラインの活用、リモート・ワークなど社会生活の変化から、ネットフリックスやアマゾン・プライムのような新しいメディアが発信する映画やドラマが勢いを得た。コロナ禍は映画の産業構造をも変えつつある。

二〇二一年のまさに年末に、この「おわりに」の筆をとっている。今年も多くの映画に出会うことができた。昨年、「男はつらいよ」シリーズを見直したように、今年は「００７」シリーズを見直した。谷口正晃監督『ミュジコフィリア』にエキストラ出演し、キャリー・ジョージ・フクナガ監督『００７／ノー・タイム・トゥ・ダイ』やマシュー・ヴォーン監督『キングスマン――ファースト・エージェント』のようなエンターテインメント大作を楽しみ、フレデリック・ワイズマン監督『ボストン市庁舎』のようなドキュメンタリー大作を堪能した。

年が明ければ、いつものように『カサブランカ』や『市民ケーン』を鑑賞しよう。

映画は人生を豊かにしてくれる。

末尾にあたるが、本書の編集作業では、ミネルヴァ書房の堀川健太郎氏にご尽力いただいた。記してお礼を申し上げたい。

二〇二一年一二月二八日

京都・五条の寓居にて

村田晃嗣

わ　行

《著者紹介》

村田晃嗣（むらた・こうじ）

1964年　生まれ。
1995年　神戸大学大学院法学研究科政治学専攻博士課程単位修得退学。
1998年　博士（政治学）。
現　在　同志社大学法学部政治学科教授。
主　著　『銀幕の大統領ロナルド・レーガン』有斐閣，2018年。
『トランプvsバイデン』PHP 新書，2021年。

叢書・知を究める⑳
映画はいつも「眺めのいい部屋」
――政治学者のシネマ・エッセイ――

2022年 3月30日　初版第1刷発行　〈検印省略〉

定価はカバーに
表示しています

著　者　村　田　晃　嗣
発行者　杉　田　啓　三
印刷者　田　中　雅　博

発行所　株式会社　ミネルヴァ書房
607－8494　京都市山科区日ノ岡堤谷町1
電話代表（075）581－5191
振替口座 01020－0－8076

創栄図書印刷・新生製本

ISBN978-4-623-09394-6
Printed in Japan

人名索引

あ　行

か　行

さ　行

た　行

な　行

は　行

ま　行

や　行

ら・わ行

事項索引

あ　行

か　行

さ　行

た　行

な 行

は 行

ま　行

や 行

ら 行